T0194639

In guter Gesellschaft?

Tim König

In guter Gesellschaft?

Einführung in die politische
Soziologie von Jürgen Habermas
und Niklas Luhmann

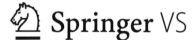 Springer VS

Dr. Tim König
Fernuniversität Hagen,
Deutschland

ISBN 978-3-531-19364-9   ISBN 978-3-531-19365-6 (eBook)
DOI 10.1007/978-3-531-19365-6

Die Deutsche Nationalbibliothek verzeichnet diese Publikation in der Deutschen Nationalbibliografie; detaillierte bibliografische Daten sind im Internet über http://dnb.d-nb.de abrufbar.

Springer VS
© VS Verlag für Sozialwissenschaften | Springer Fachmedien Wiesbaden 2012

Einbandentwurf: KünkelLopka GmbH, Heidelberg

Gedruckt auf säurefreiem und chlorfrei gebleichtem Papier

Springer VS ist eine Marke von Springer DE. Springer DE ist Teil der Fachverlagsgruppe Springer Science+Business Media.
www.springer-vs.de

Inhalt

Einleitung

1

Viele der Fragen, die heute in den Sozialwissenschaften wie auch in der Öffentlichkeit diskutiert werden, lenken den Blick auf unsere grundlegenden Vorstellungen über das politische System, in dem wir leben. Die Zukunft des europäischen Integrationsprozesses, die Möglichkeit einer postnationalen Demokratie, die Rolle des Staates in einer globalen Weltwirtschaft, Veränderungen im Verhältnis Bürger-Staat, Verschiebungen im Kräfteverhältnis zwischen Zivilgesellschaft, Öffentlichkeit und staatlichen Akteuren – hinter jeder dieser Fragen, die momentan diskutiert werden, verbergen sich grundlegende Vorstellungen über den Platz und die Rolle von Politik in der modernen Gesellschaft, über die Funktionsweise des politischen Systems, über unser Verständnis von Demokratie. Tatsächlich werden diese Bezüge aber selten auch explizit hergestellt. In den meisten Fällen beschränkt man sich auf den Austausch von Argumenten an der Oberfläche, ohne zu erkennen, dass ganz bestimmte gedankliche Prämissen den Verlauf der Diskussion schon im Ansatz bestimmen. So hängt die Antwort auf die Frage nach den Chancen eines einheitlichen europäischen Staates oder einer europäischen Demokratie ganz entscheidend davon ab, was unter den Begriffen Staat bzw. Demokratie verstanden wird. Und auch die Wahrnehmung eines Legitimitätsdefizits im aktuellen europäischen System hängt zunächst einmal davon ab, was unter Legitimität überhaupt verstanden wird. An dem Punkt aber, an dem eine Auseinandersetzung eigentlich erst interessant würde, nämlich bei der Kritik dieser Prämissen, wird sie dann ironischerweise meist abgebrochen. Nicht selten enden Kontroversen mit der Feststellung, dass eine Übereinkunft aus Gründen von inkommensurablen Perspektiven nicht möglich sei und sich jede weitere Diskussion damit erübrige. Vielleicht steckt hinter einem solchen Verharren an der Oberfläche nur Bequemlichkeit, vielleicht aber auch die Furcht, die eigenen gedanklichen Prämissen, stillschweigend vorausgesetzten Kategorien und Vorurteile radikal zu hinterfragen, um sie aufzudecken und zu sehen, welche Perspektiven sie eröffnen und welche verunmöglichen.

T. König, *In guter Gesellschaft?*, DOI 10.1007/978-3-531-19365-6_1
© VS Verlag für Sozialwissenschaften | Springer Fachmedien Wiesbaden 2012

Ähnliches trifft auf die aktuelle Situation in den im engeren Sinn wissenschaftlichen Diskursen der Sozialwissenschaften zu. Der grundlegende Theorievergleich
wird (mit Ausnahme der Lehrbücher) durch einen Trend zur *Anwendung* klar
überschattet, sei es in Form von theoretischer Detailarbeit innerhalb eines Para-
digmas, sei es in Form von empirisch oder praktisch orientierten Untersuchungen.
Dabei droht dann häufig aus dem Blickfeld zu geraten, was bei solchen Anwendun-
gen im Einzelnen alles stillschweigend vorausgesetzt wird. Und auch hier sind die
wichtigsten und folgenreichsten Prämissen meist diejenigen, die gar nicht mehr
expliziert werden.

Dies sei als Legitimation einer Arbeit vorausgeschickt, die sich grundlegend
mit der soziologischen und politischen Theorie von Jürgen Habermas und Niklas
Luhmann auseinandersetzt. In beiden Fällen handelt es sich um führende Gesell-
schaftstheoretiker, die ein umfangreiches Werk vorgelegt haben, das sich unter
verschiedenen Aspekten grundlegend mit der modernen Gesellschaft beschäftigt.
In beiden Fällen handelt es sich freilich auch um schwierige Gesellschaftstheore-
tiker, die es als Autoren ihren Lesern nicht immer leicht machen und deren Texte
auch deshalb häufig missverstanden wurden. Ich will im Folgenden zwei Schwer-
punkte der jeweiligen Entwürfe beleuchten und damit einen Blick freilegen auf die
unterschiedlichen theoretischen Konzeptionen der beiden Analytiker. Es handelt
sich dabei zum einen um die basale soziologische Begriffsbildung bei Habermas
und Luhmann und zum anderen um deren politische Theorie. Im Titel der
Arbeit: „In guter Gesellschaft? Einführung in die politische Soziologie von Jürgen
Habermas und Niklas Luhmann" sollen dabei zwei ihrer Hauptanliegen zum Ausdruck kommen: Es geht einmal um das Aufzeigen der Verbindungen zwischen
den grundlegenden *soziologischen* Konzepten und den Analysen des *Politischen*
bei beiden Autoren – dies soll mit dem Begriff der „politischen Soziologie" sig-
nalisiert werden. Mit der Frage: „In guter Gesellschaft?" hingegen soll nicht nur
auf das Verhältnis der beiden gesellschaftstheoretischen Entwürfe zueinander ab-
gestellt werden. Sie markiert vor allem deren jeweils unterschiedliche Perspektive
auf ihren Gegenstand, ihr unterschiedliches Objektverhältnis. Für Habermas sind
soziale Ordnungen, so wie sie sich *für uns*[1] darstellen und so wie sie alltagsbewährt
funktionieren, im Prinzip gute und unproblematische Ordnungen. Demnach leben
wir in guter Gesellschaft, und die Soziologie soll ihren Beitrag dazu leisten, indem
sie etwaige Pathologien kritisiert. Luhmann hingegen erklärt das scheinbar Unproblematische zum Problematischen. Für ihn bleibt das *für uns* Selbstverständliche
immer ein Nicht-Selbstverständliches. Während Habermas soziale Ordnungen nur

---

[1] So eine von Habermas in diesem Zusammenhang öfters gebrauchte Formulierung. S. z. B.
Habermas 1992, S. 537.

dann für kritikwürdig hält, wenn sie in eine vermeintliche Verfallsform, ins Pathologische degenerieren, sind sie es für Luhmann *generell*.

Habermas vs. Luhmann – das ist in den Sozialwissenschaften kein neues Thema. Fast könnte man meinen, dass sich seit der berühmten Kontroverse Ende der 60er, Anfang der 70er Jahre nichts geändert hat. Doch dieser Eindruck täuscht. Tatsächlich war diese erste Auseinandersetzung der beiden Theoretiker nur der Auftakt zu einem kontinuierlichen Dialog, der erst durch den Tod Luhmanns 1998 ein vorläufiges Ende fand.[2] Und für jeden, der sich eingehender auch mit den jüngsten Schriften der beiden Theoretiker auseinandersetzt, ist es verblüffend, mit welcher Konsequenz hier diametral entgegengesetzte Konzeptualisierungen ausgearbeitet werden – auch wenn dabei ein expliziter Bezug auf den jeweiligen Konkurrenten eher selten erfolgt.

Der Zeitpunkt für das Vorhaben eines grundlegenden Theorievergleichs ist heute insofern günstig, als umfassende Revisionen in der eigenen Theoriearchitektur durch die beiden Autoren nicht mehr zu erwarten sind. Freilich kann ein solcher Vergleich im Rahmen der vorliegenden Einführung nicht erschöpfend durchgeführt werden. Ich habe bei der Auswahl der erörterten Aspekte einen Kompromiss angestrebt zwischen einer nicht zu geringen Anzahl an Punkten und deren gebührend ausführlicher Diskussion. Zu wenige Vergleichspunkte hätten den Gegensatz zwischen beiden Theorien nicht in ganzer Breite verdeutlichen können. Zu viele Punkte machen eine nicht nur oberflächliche Auseinandersetzung mit den Theorien bei begrenzter Seitenzahl aber schwer. Ich habe daher versucht, zu so vielen Punkten wie *möglich* so viel wie *nötig* zu schreiben, wohlwissend, dabei gleichwohl mehr Punkte ausklammern und mich häufig kürzer fassen zu müssen, als mir das lieb ist. Dennoch hoffe ich, auf diese Weise am besten vermitteln zu können, was mein Interesse am Gegenstand dieser Arbeit begründete: Die Faszination über eine theoretische Gegensätzlichkeit, die anfängt bei soziologischen Grundbegrifflichkeiten und sich hinzieht bis in feinste Verästelungen der politischen Theorie hinein.

Der Gegenstand der vorliegenden Einführung sind also die soziologischen Theorien von Jürgen Habermas und Niklas Luhmann. Das Thema der Einführung ist genauer gefasst ein Vergleich der grundlegenden Sozialtheorie bei beiden Autoren sowie ihrer Anwendung auf den Bereich der Politik. Die Fragen, die dabei im Laufe der Arbeit beantwortet werden sollen, sind die folgenden: Was bedeutet es für eine Theorie der modernen Gesellschaft, Soziales entweder in Begriffen des kommunikativen Handelns oder in Begriffen selbstreferentieller Systeme zu analysieren?

---

[2] So stellt auch Demirovic (2003, S. 337) fest: „Nachdem lange Zeit über Luhmann und Habermas nur in wenigen Untersuchungen theorievergleichend diskutiert wurde, wäre dies im Rückblick auf weitere dreißig Jahre wissenschaftlicher Arbeit der Autoren wohl angemessen."

Und wie übersetzen sich diese unterschiedlichen Ausgangspunkte wiederum in eine entsprechende Theorie der Politik und der Demokratie? Inwiefern drückt sich in beiden Fällen eine Präferenz für unterschiedliche Theorieoptionen aus – für eine Soziologie als Selbstbeschreibung bei Habermas und für eine Soziologie als Fremdbeschreibung bei Luhmann?

Bei der Beantwortung dieser Fragen gehe ich wie folgt vor: Zunächst sollen die Theorien von Luhmann und Habermas in ihrer jeweiligen Eigenlogik rekonstruiert werden. Dies geschieht in den Kap. 2 und 3 des Buches. Dabei wird auf eine gewisse Symmetrie in der Darstellung geachtet. Ich beginne jeweils mit der grundlegenden Antwort beider Autoren auf das Problem der doppelten Kontingenz (dieser Begriff wird im Abschn. 2.2.1 erläutert). Während für Habermas Gesellschaften über kommunikatives Handeln und die moderne Gesellschaft über das Recht integriert werden, geschieht dies nach Luhmann in Form von sozialen Systemen. Sodann soll die politische Theorie beider Autoren dargestellt werden. Bei Habermas handelt es sich hier um ein Verfahrensmodell der Demokratie bzw. um die Theorie deliberativer Politik, beide stehen für ein ideales Modell der Selbstregierung moderner politischer Gemeinwesen. Bei Luhmann geht es um die Analyse der Politik als selbstreferentielles soziales System. Schließlich soll in einem weiteren Abschnitt die politische Theorie beider Autoren vertieft werden, indem ich für Habermas auf das Problem der Umsetzung seines idealen Modells eingehe und für Luhmann die Konsequenzen einer systemtheoretischen Beschreibung der Politik an den Beispielen Öffentlichkeit und Legitimität aufzeige. Nach dieser Rekonstruktion der Eigenlogik der jeweiligen Ansätze soll im Kap. 4 des Buches eine Stellungnahme zu ihnen erfolgen. Ich will hier einmal deutlich machen, dass es sich bei beiden Ansätzen um unterschiedliche soziologische Strategien handelt: Um eine Strategie der Selbstbeschreibung bei Habermas, um eine Strategie der Fremdbeschreibung bei Luhmann – wobei beide Strategien mit Vor- und Nachteilen behaftet sind. Es soll aber auch gezeigt werden, dass unabhängig von dieser Frage Habermas' Ansatz intern weniger konsistent ist als derjenige Luhmanns, und dass insofern Luhmanns Beschreibungsangebot insgesamt überzeugender ausfällt.

Bevor ich beginne noch eine letzte Vorbemerkung zur verwendeten Literatur. Ich stütze mich primär auf die Werke *Faktizität und Geltung* im Fall von Habermas und *Die Politik der Gesellschaft* im Fall von Luhmann. Wo dies geboten ist, wird jedoch auch auf andere wichtige Veröffentlichungen beider Autoren zurückgegriffen, um der Einbettung der genannten Publikationen in den Gesamtkontext der Werke Rechnung zu tragen.

Habermas' Theorie der deliberativen Politik

2

In diesem Kapitel wird Habermas' Theorie der deliberativen Politik in ihren wichtigsten Grundzügen vorgestellt und systematisch entfaltet. Zwei Ansprüche stehen dabei Pate. Zum einen soll Habermas' Theorie in ihrer Eigenlogik rekonstruiert werden. Die Theorie wird so dargestellt, wie Habermas selbst sie sieht. Voraussetzungen, die Habermas macht, werden übernommen, gleiches gilt für theoriespezifische Schwerpunktsetzungen und Auslassungen. Abstrakt können solche Eigenschaften als Selektionen aufgefasst werden, die der Autor der Theorie unter mehreren Möglichkeiten getroffen hat. Wenn wir diese Selektionen im Folgenden als solche offenlegen werden, dann nicht, um sie zu kritisieren, sondern um sie dem Leser als charakteristische Merkmale der Theorie vor Augen zu führen. Zum anderen bemühen sich die folgenden Ausführungen, die Theorie als Ganzes in einzelne Teile zu untergliedern und die internen Verbindungen zwischen den einzelnen Bestandteilen aufzuzeigen. Eine Schwierigkeit in der Auseinandersetzung mit und im Nachvollzug von komplexen Theorien besteht darin, dass auf den ersten Blick alles mit allem zusammenzuhängen scheint und es von daher schwerfällt, relativ abgetrennte Bereiche auszumachen und die systematischen Verbindungen und Schaltstellen zwischen ihnen zu erkennen. Gerade dies Erkennen der Struktur einer Theorie ist jedoch für deren Verständnis von fundamentaler Bedeutung. In diesem Sinne soll im Folgenden deutlich gemacht werden, welcher Teil der Theorie an welchen anderen Teil anschließt bzw. darauf aufbaut.

Die Theorie der deliberativen Politik ist eine Anwendung der Theorie des kommunikativen Handelns von Habermas auf den Bereich des Rechts bzw. der Politik (2.1). Nach der Theorie des kommunikativen Handelns werden Gesellschaften durch einen Konsens über Normen integriert, welcher in Diskursen erzielt wird. Eine solche Integration über Verständigungsprozesse ist jedoch stets fragil, weil vom Risiko eines Dissenses über die problematisierten Normen bedroht. In der modernen Gesellschaft wird sie durch das Recht ermöglicht, sofern dieses nicht willkürlich, sondern demokratisch gesetzt worden ist. Deshalb macht es Sinn, ein

T. König, *In guter Gesellschaft?*, DOI 10.1007/978-3-531-19365-6_2
© VS Verlag für Sozialwissenschaften | Springer Fachmedien Wiesbaden 2012

ideales Modell des demokratischen Rechtsetzungsprozesses zu entwerfen, welches im Falle seiner Realisierung gesellschaftliche Integration zu garantieren vermag (2.2). Dieses ideale Modell deliberativer Demokratie umfasst bei Habermas die Entstehung kommunikativer Macht sowie die Steuerung von administrativer und ökonomischer Macht durch diese kommunikative Macht. Als letzter Schritt stellt sich dann noch die Frage nach der Umsetzung des idealen Modells in der gesellschaftlichen Wirklichkeit (2.3). Habermas macht hier Kompromisse, denn er sieht nicht nur einen offiziellen Machtkreislauf vor, in welchem die kommunikative Macht von der Peripherie ausgehend das politische Zentrum steuert, wie es im idealen Modell vorgesehen ist, sondern er erkennt auch einen inoffiziellen Machtkreislauf an, in dem das Zentrum des politischen Systems die Peripherie mehr oder weniger regiert (d. h. administrative Macht kommunikative Macht dominiert). Dies ist solange unproblematisch, wie Öffentlichkeit und Zivilgesellschaft diese Vormundschaft ihrerseits stets wieder rückgängig machen können, sofern sie aus gegebenem Anlass ihre Interessen darin übergangen sehen, um so in den offiziellen Machtkreislauf zurückzukehren, in dem die kommunikative Macht die administrative Macht programmiert und nicht umgekehrt.

2.1   Ausgangspunkt: Doppelte Kontingenz, kommunikatives Handeln und Recht

2.1.1   Das Problem der doppelten Kontingenz

Am Anfang steht bei Habermas' Diskurstheorie der Politik[1] die soziologische Frage, „wie die Geltung einer sozialen Ordnung stabilisiert werden kann" (Habermas 1992, S. 42), welche eine der Grundfragen der Soziologie überhaupt ist. Hinter dieser Frage nach der Möglichkeit sozialer Ordnung verbirgt sich das Problem der doppelten Kontingenz, wie es von Parsons formuliert wurde.[2] Demnach ist erfolgreiche Handlungskoordination doppelt kontingent, insofern als sie abhängt nicht nur von Egos Selektion einer bestimmten Handlungsoption, sondern auch von Alters Reaktion auf Egos Selektion. Sowohl Ego als auch Alter stehen also vor dem Problem der *eigenen* Selektion (der Wahl einer bestimmten Handlungsoption) in Abhängigkeit von einer *anderen* Selektion – nämlich der von Alter Ego – *ohne diese*

---

[1] Ich verwende im Folgenden z. T. verschiedene Bezeichnungen für die von Habermas in *Faktizität und Geltung* entworfene Theorie: Diskurstheorie des Rechts und des demokratischen Rechtsstaats; Theorie der deliberativen Politik bzw. der deliberativen Demokratie; Diskurstheorie der Politik – meine damit aber stets dasselbe.

[2] S. z. B. Parsons und Shils (1951, S. 16).

andere Selektion aber selber bestimmen zu können, da Alter auch als Alter Ego eine intransparente „black box" bleibt. Das Problem der doppelten Kontingenz lässt es damit zunächst einmal sehr unwahrscheinlich erscheinen, dass es überhaupt zu irgendeiner Form von Handlungskoordination zwischen den beiden Akteuren kommt – und macht so die alltäglich zu beobachtende reale Handlungskoordination erklärungsbedürftig. Wenn sowohl Egos Selektion als auch Alters Selektion in Antwort auf Egos Selektion prinzipiell kontingent sind, warum sollten dann ausgerechnet zwei passende Handlungen aufeinander abgestimmt werden?

Habermas verdankt Parsons nun nicht nur den Hinweis auf das Problem der doppelten Kontingenz, sondern auch die Vorlage für dessen Lösung. Parsons hatte den Ausweg in einem der Handlungswahl präexistenten und vorgelagerten normativen Konsens gesehen. Sozialisation und geteilte Werte würden dafür sorgen, dass gemeinsame Situationsdefinitionen und Handlungskoordination möglich, alltäglich und also gar nicht ungewöhnlich sind – zumindest unter den Angehörigen derselben übergeordneten sozialen Einheit.

Diese klassische Perspektive wird auch von Habermas geteilt, der sie allerdings im Rahmen seiner Theorie des kommunikativen Handelns noch weiter spezifiziert. Nach Habermas werden Gesellschaften über *kommunikatives Handeln* integriert, d. h. über einen verständigungsorientierten und vorbehaltlosen Sprachgebrauch, der auf einen intersubjektiven Konsens über problematisierte Geltungsansprüche abzielt und insofern interaktionsrelevante Folgen hat.[3] Ein kommunikatives Angebot von Ego eröffnet demnach für Alter die Möglichkeit, zu den erhobenen und damit kritisierbaren Geltungsansprüchen in Ja/Nein-Form Stellung zu nehmen. Und daraus resultieren in der Folge für beide interaktionsrelevante Verpflichtungen, die eine handlungskoordinierende Rolle übernehmen. Die Sprache an sich ist dabei teleologisch auf reziproke Verständigung angelegt (vgl. Habermas 1992, S. 18), und sie bzw. kommunikatives Handeln bildet die Grundlage für alle abgeleiteten sozialen Koordinationsmechanismen (z. B. Steuerungsmedien wie Macht und Geld oder rein strategisch-erfolgsorientiertes Handeln), welche folglich auf sich allein gestellt die Gesellschaft nicht integrieren könnten.

Während Parsons sagte: Ohne normativen Wertekonsens keine Handlungskoordination, so wird daraus bei Habermas die Aussage: Ohne kommunikatives Handeln keine Handlungskoordination. Aus der Frage, wie soziale Ordnung möglich ist, wird damit für Habermas die Frage, wie „soziale Integration auf der unwahr-

---

[3] Ich will hier nicht weiter auf Habermas' Differenzierung der erhobenen Geltungsansprüche nach propositionaler Wahrheit, subjektiver Wahrhaftigkeit und normativer Richtigkeit eingehen (s. dazu Habermas (1981, S. 410 ff.)); es sei nur kurz erwähnt, dass im Rahmen von Habermas' Diskurstheorie der Politik vor allem die normativen Geltungsansprüche interessieren.

scheinlichen Basis von Verständigungsprozessen (…) möglich ist" (1992, S. 42). Es genügt nicht mehr, dass geltende Werte einfach tradiert werden; die Subjekte selbst müssen sich diese jetzt vielmehr reflexiv aneignen, also entweder verwerfen oder mit dem Vorbehalt der Vorläufigkeit bis auf weiteres akzeptieren. Damit wird Parsons' Lösung des Problems der doppelten Kontingenz durch Habermas wieder in ein Problem verwandelt. Denn eine Integration der Gesellschaft auf der Basis von Verständigungsprozessen, die in einen intersubjektiven Konsens über problematisierte Geltungsansprüche münden sollen, ist natürlich fragil.[4] Sie wird stets bedroht durch die Gefahr der Dissensäußerung. Um einen Konsens zu erzielen, müssen *alle* an den Beratungen teilnehmenden Subjekte zustimmen; für Dissens aber reicht schon die Ablehnung *eines* einzelnen Subjekts allein aus. Zudem kann in einer Gesellschaft niemals alles auf einmal problematisiert werden – die Folge wäre eine totale Blockierung jeglicher Prozesse funktionierender Handlungskoordination.

Eine die gesellschaftliche Integration bedrohende ubiquitäre Problematisierung von Geltungsansprüchen muss deshalb ihrerseits vermieden, gleichsam entproblematisiert werden. Und Habermas führt an dieser Stelle drei grundlegende Inhibitoren an, die seine Vorstellung einer sozialen Integration durch Verständigung überhaupt erst ermöglichen, indem sie die Gefahr der Dissensäußerung effektiv einschränken.[5] Diese Inhibitoren sind die *Lebenswelt, ursprüngliche Institutionen* sowie das *moderne Recht*.

2.1.2 Verschärfung des Problems in der modernen Gesellschaft und Lösung über Recht

In vormodernen, d. h. relativ undifferenzierten Gesellschaften wurde die Gefahr der Dissensäußerung nach Habermas nun überwiegend durch die ersten beiden dieser Inhibitoren eingeschränkt – also durch die Einbettung des kommunikativen Handelns in einen Kontext aus Lebenswelt und archaischen Institutionen. Die *Lebenswelt* stellt für Habermas eine Art massiven Hintergrundkonsens dar, welcher aus gemeinsamen Überzeugungen besteht. Sie ist ein Horizont des immer schon Vertrauten, ein unbewusstes Hintergrundwissen in Form von konsentierten Deutungsmustern, Loyalitäten und Fertigkeiten (vgl. Habermas 1992, S. 38). Kommunikatives Handeln bewegt sich innerhalb dieses Hintergrundkonsenses – und re-

---

[4] Wie auch Habermas (1992, S. 23) einsieht.

[5] S. Habermas (1992, S. 37). Hier wird nochmals Habermas' Anschluss an die klassische Konzeption von sozialer Integration sichtbar: Das Problem sozialer Ordnung besteht demnach in der „Boykottierung des Boykottierens" (Luhmann 1984, S. 165), also in der Unterdrückung abweichenden, den sozialen Commonsense negierenden Verhaltens.

produziert ihn damit auch gleichzeitig. *Ursprüngliche Institutionen* treten ihrerseits mit einem unanfechtbaren Autoritätsanspruch auf. Sie kombinieren die „Androhung einer rächenden Gewalt und die Kraft bindender Überzeugungen" (Habermas 1992, S. 41) und erzeugen damit eine bindende und abschreckende Wirkung zugleich. In beiden Fällen wird also eine Dissensäußerung inhibiert, indem die durch Lebenswelt und Institutionen gedeckten Geltungsansprüche einer Problematisierung entzogen werden. Aus der Perspektive der kommunikativ handelnden Subjekte geschieht dies im Fall der Lebenswelt gänzlich unbewusst, im Fall von Institutionen mehr unbewusst als bewusst.[6]

In der modernen Gesellschaft spitzt sich nach Habermas nun das Risiko der Dissensäußerung aber immer mehr zu, so dass sich die Bürde und der Schwerpunkt sozialer Integration mehr und mehr auf den dritten Inhibitor – das positive Recht – verlagern müssen. Diese Entwicklung hat mehrere Ursachen: Im Zuge der Entwicklung zur modernen Gesellschaft kommt es einmal zu einer verstärkten sozialen Differenzierung und damit zu einer höheren Komplexität. Dies äußert sich im Bereich der Lebenswelt in einer zunehmenden Problematisierung von Geltungsansprüchen. Neue Interaktionserfahrungen lassen die vordem abgeblendete Kontingenz sozialen Handelns und Erlebens wieder verstärkt aufscheinen. Der Druck kontingenzerzeugender neuer Erfahrungen steigt also an.[7] Für die traditionellen Institutionen bedeutet der Prozess der Modernisierung wiederum einen zunehmenden Autoritätsverlust: das kommunikative Handeln wird aus den ehemals starken Institutionen entlassen. Zudem kommt noch hinzu, dass in modernen Gesellschaften mit dem Bereich, den Habermas als den der Systeme beschreibt, immer mehr strategische Interaktionen und interessegeleitetes, individuell erfolgsorientiertes Handeln freigesetzt werden. Entzauberung der Institutionen, Freisetzung strategischer Interaktionen, Problematisierung von Geltungsansprüchen auf post-konventionellem, nachmetaphysischem Begründungsniveau: Zusammengenommen äußert sich all dies in der Konsequenz, dass in der modernen Gesellschaft die „Spielräume für das Dissensrisiko von Ja-/Nein-Stellungnahmen zu kritisierbaren Geltungsansprüchen" (Habermas 1992, S. 42) anwachsen. Damit aber entsteht eine Funktionslücke, ein Bedarf nach einem kompensierenden Dissensinhibitor, der selbst unter diesen erschwerten Bedingungen eine Integration der Gesellschaft auf der Basis von Verständigungsprozessen noch ermöglicht. Dieser neue Inhibitor, der den weiterhin bestehenden Integrationsbedarf der Moderne und die wegbröckelnde Integrationskapazität der Tradition wieder in Einklang bringt, ist nach Habermas das *moderne Recht*.

---

[6] Sie sind zwar kommunikativ bewusst verfügbar, aber dennoch der Problematisierung entzogen.

[7] Habermas spricht auch von jetzt „ausdifferenzierte(n), in sich pluralisierte(n) und entzauberte(n) Lebenswelten" (1992, S. 43).

2.1.3   Doppelcharakter des Rechts: Faktizität und Geltung

Um in die entstehende Funktionslücke springen zu können, muss das Recht aller-
dings bestimmten Anforderungen genügen. An dieser Stelle führt Habermas den
Doppelcharakter von Rechtsnormen ein, bestehend aus Faktizität und Geltung.[8]
Seine Kernthese lautet dabei: Damit das *positive* Recht seine integrative und bindende Funktion erfüllen kann, muss es *legitim* sein. Verdeutlichen wir uns diese
These vor dem Hintergrund des oben geschilderten Prozesses der Modernisierung:
Dieser Prozess, der gesellschaftliche Integration als immer problematischer erscheinen lässt, kann in dem Zusammenhang nämlich auch beschrieben werden als
ein immer stärkeres Auseinandertreten der beiden Momente von Faktizität und
Geltung. Allein aus der bloßen Tatsache, dass eine bestimmte Ordnung existiert,
folgt in der modernen Gesellschaft noch nicht automatisch ihre Legitimität. Der
Problematisierungssog, in den immer mehr Bereiche des gesellschaftlichen Lebens
gezogen werden, weil die traditionellen Inhibitoren der Lebenswelt und der ur-
sprünglichen Institutionen kommunikatives Handeln immer weniger einschränken, muss also unter diesen erschwerten Bedingungen *mit neuen Mitteln* reguliert
und sinnvoll eingegrenzt werden. Und hier nun

> (…) erscheint die vollständige Positivierung des bis dahin sakral gestützten und
> mit konventioneller Sittlichkeit verflochtenen Rechts als plausibler Ausweg aus der
> Sackgasse: es wird ein System von Regeln erfunden, das die beiden Strategien der
> Eingrenzung und der Entschränkung des im kommunikativen Handeln angelegten
> Dissensrisikos verbindet und zugleich arbeitsteilig differenziert. (Habermas 1992,
> S. 56).

Das moderne, positive Recht ermöglicht also noch einmal die Verbindung der beiden Momente der Faktizität und der Geltung, *obwohl* diese im Zuge der Modernisierung immer stärker auseinandertreten und nicht mehr so einfach miteinander
verschmolzen sind, wie sie es im Fall der traditionellen Inhibitoren noch waren.[9]
Dies gelingt ihm, indem es kommunikatives Handeln als Integrationsmechanismus
einerseits *eingrenzt* und andererseits *entschränkt*. Eingegrenzt wird kommunikati-

---

[8] Dieser Doppelcharakter, den Habermas auch als *internes* Spannungsverhältnis im Recht
zwischen Faktizität und Geltung bezeichnet, wird von ihm teilweise mit verschiedenen Be-
griffspaaren belegt: Legalität – Legitimität; Soziale Geltung – Gültigkeit; Soziale Akzeptanz
– rationale Akzeptabilität; Positivität des Rechts – Gerechtigkeit des Rechts. Im Kern geht es
dabei aber stets um dieselbe Spannung.

[9] Um den Unterschied zu markieren, könnte man auch sagen: Während die traditionellen
Inhibitoren der Lebenswelt und der archaischen Institutionen die Spannung zwischen Faktizität und Geltung einebnen, *artikuliert* der moderne Inhibitor des Rechts gerade dieses Spannungsverhältnis.

ves Handeln durch die Faktizität des geltenden Rechts: Wenn es um dessen *Durchsetzung* geht, stellen Sanktionen einerseits die Motive der Regelbefolgung frei und erzwingen andererseits Nachachtung. Es geht hier also nicht mehr um Überzeugungen, sondern nur noch um Gehorsam. Entschränkt wird kommunikatives Handeln dafür durch die Geltungsbedürftigkeit eben dieses positiven Rechts. Wenn es um dessen *Setzung* geht, dann muss eine kritische Überprüfung der entsprechenden normativen Geltungsansprüche stattfinden (s. hierzu ausführlicher Habermas 1992, S. 45 ff.).

Nach Habermas können also moderne Rechtsnormen nur dann ihre Integrationsfunktion wahrnehmen, wenn sie diesen Doppelcharakter der Faktizität und der Geltung aufweisen: Sie müssen gleichzeitig durch faktischen Zwang *Folgebereitschaft* und durch legitime Geltung *Einsicht* bewirken können. Dieser These kommt in Habermas' Theorie eine zentrale Scharnierfunktion zu. Denn über sie kann Habermas die *Integrationsfunktion des Rechts* mit der *Idee der Selbstgesetzgebung* verknüpfen und fortan argumentieren, dass ohne Selbstgesetzgebung ein Legitimitätsanspruch von Rechtsnormen nicht zu haben ist.[10] Damit sind wir beim Prozess der Gesetzgebung angelangt, mit dem ich mich im nächsten Abschnitt beschäftigen werde. Vorher soll das bereits Gesagte noch einmal zusammengefasst werden.

Eine auf Verständigungsprozessen basierende gesellschaftliche Integration wird nach Habermas stets durch die Äußerung von Dissens bedroht; sie ist immer fragil. Gerade in der modernen, pluralisierten und ausdifferenzierten Gesellschaft stellt sich Integration aus dieser Perspektive als besonders fragil dar, denn die traditionellen Garanten für Sicherheit, wie sie die Lebenswelt und die archaischen Institutionen darstellten, verlieren nun immer mehr an Bedeutung. Faktizität und Geltung, ehemals fest miteinander verschmolzen, treten als unterschiedliche Momente jetzt immer weiter auseinander: Was als von außen vorgegeben erscheint, wird gerade deshalb jetzt angezweifelt. In die damit entstehende Funktionslücke springt das Recht ein, welches noch einmal beide Momente – der Faktizität und der Geltung – so miteinander kombinieren kann, dass einerseits Integration sichergestellt wird, andererseits aber als *selbst* entworfen und gestaltet erfahren werden kann. Kommunikatives Handeln (mit der Gefahr der Dissensäußerung) wird einerseits *eingegrenzt*, wenn es um die *Durchsetzung* von Rechtsnormen geht – nämlich durch die Positivität des Rechts, welches in Verbindung mit Sanktionen legales Verhalten erzwingen kann. Andererseits wird es aber auch *entschränkt*, wenn es um die *Setzung* der entsprechenden Rechtsnormen geht. Hier müssen die Normen

---

[10] „In der Positivität des Rechts gelangt nicht die Faktizität eines beliebigen, schlechthin kontingenten Willens zum Ausdruck, sondern der legitime Wille, der sich einer präsumptiv vernünftigen Selbstgesetzgebung politisch autonomer Staatsbürger verdankt." (Habermas 1992, S. 51).

ihren Anspruch auf rationale Akzeptabilität einlösen, und dies geschieht durch ihre kritische Überprüfung in einem Legitimationsprozess.[11] Derjenige Ort in der Gesellschaft, an dem es um die Verständigung über problematisierte Geltungsansprüche von Rechtsnormen geht – und das ist der Ort der Gesetzgebung – ist insofern das eigentliche Zentrum gesellschaftlicher Integration.[12] Damit kann ich überleiten zum idealen Modell der deliberativen Demokratie, wie es Habermas zunächst normativ einführt (2.2) und für das er anschließend eine empirische Übersetzung anstrebt (2.3).

2.2 Ein ideales Modell der deliberativen Demokratie

2.2.1 Das Ideal der Selbstgesetzgebung und seine Umsetzung im Rechtsstaat

Ich komme nun zum eher normativen und im engeren Sinn demokratietheoretischen Teil von Habermas' Diskurstheorie des Rechts und der Politik. Zu Beginn gilt es darum zunächst, den normativen Hintergrund für Habermas' Modell der deliberativen Demokratie aufzuzeigen. Dieser normative Kern liegt dabei ganz klassisch im Ideal der autonomen Selbstbestimmung einer Rechtsgemeinschaft. Es geht Habermas um „das Modell einer Rechtsgemeinschaft, die sich über die gemeinsame Praxis der Staatsbürger selbst bestimmt" (Habermas 1992, S. 105) bzw. um eine „Rechtsgemeinschaft, die als eine Assoziation freier und gleicher Bürger die Regeln ihres Zusammenlebens selber bestimmt" (ibid., S. 24).

Der besondere Reiz dieser ursprünglich antiken Idee liegt für Habermas nun darin, dass sie gerade für die moderne Gesellschaft formuliert wird, deren differenzierte und komplexe Strukturen auf den ersten Blick die Verwirklichung der Selbstregierung als unwahrscheinlich erscheinen lassen. Habermas wehrt sich also gegen „die defaitistische Preisgabe jener radikalen Gehalte des demokratischen

---

[11] Wie wir noch sehen werden, wird dieser Legitimationsprozess zur Entlastung der Rechtsgenossen rechtlich institutionalisiert. Allerdings bleibt der Grundsatz im Kern bestehen: „Die kommunikative Freiheit der Staatsbürger kann, wie wir sehen werden, in der organisierten Selbstbestimmungspraxis eine durch rechtliche Institutionen und Verfahren vielfach vermittelte Form annehmen, aber nicht vollständig durch zwingendes Recht substituiert werden." (Habermas 1992, S. 52).

[12] Zumindest institutionell betrachtet und bezogen auf normative Geltungsansprüche. Habermas selber geht wohl davon aus, dass gesellschaftliche Integration vor allem alltäglich und dezentral über kommunikatives Handeln vollzogen wird. Wie ich oben aber gezeigt habe, ist dabei das Recht die wichtigste Bedingung der Möglichkeit einer derartigen – auf alltäglichen Verständigungsprozessen basierenden – Integration der modernen Gesellschaft.

Rechtsstaates, für die ich eine neue, den Umständen einer komplexen Gesellschaft angemessene Lesart vorschlage." (Habermas 1992, S. 13).[13]

Vor dem Hintergrund dieses normativen Kerns müssen nach Habermas dann die Setzung legitimen Rechts durch die Bürger und damit die Sicherung ihrer politischen Autonomie *als Verfahren rechtlich gesichert und institutionalisiert werden.* Die Antwort auf dieses Problem ist bei Habermas das ‚System der Rechte' bzw. der ‚Rechtsstaat'.[14] Zusammen stellen beide ein notwendiges Arrangement zur Implementierung des Ideals der Selbstregierung dar. Dabei können zwei Mechanismen unterschieden werden: Erstens muss die Willensbildung in angemessener Form durch Rechte ermöglicht werden und zweitens muss dann dieser Wille auch tatsächlich umgesetzt werden können.

Um dies zu verdeutlichen, führt Habermas eine für die weitere Argumentation zentrale Unterscheidung ein: die zwischen kommunikativer und administrativer Macht.[15] Dabei versteht er unter ‚kommunikativer Macht' in Anlehnung an Hannah Arendt vereinfacht formuliert die Macht, die tatsächlich vom Volk ausgeht. Sie wird verstanden als ein spontanes, dynamisches, vor allen Dingen aber symmetrisches Phänomen, welches sich *zwischen* den Menschen immer dann bildet, wenn diese sich zusammentun. Sie ist damit ein Potential, welches dem einzelnen Individuum als solchem gerade nicht zur Verfügung steht. In Abgrenzung dazu wird ‚administrative Macht' als diejenige Macht definiert, die vom Staat und seinen Institutionen ausgeht. Sie ist Befehls-, Sanktions-, Organisations- und Exekutivmacht. Hier also kommt erst die Asymmetrie ins Spiel, die bei klassischen Machtbegriffen (wie z. B. dem von Max Weber) sonst immer das zentrale Element darstellt. Für Habermas sind beide Machtformen aufeinander angewiesen, sie sind jeweils füreinander konstitutiv: Kommunikative Macht bedarf des Instruments der kontrollierten administrativen Macht nicht nur zur Umsetzung des gebildeten Willens,

---

[13] Eine solche „defaitistische Preisgabe" (1992, S. 13) sieht Habermas u. a. in solch „szientistischen Reduktionen" (ibid., S. 11) wie Luhmanns Systemtheorie der Politik vorliegen.

[14] Die diskurstheoretische Lesart des Rechtsstaates besagt also, dass es darum geht, „ein System von Rechten in Kraft zu setzen, das (...) die politische Autonomie der Staatsbürger durch die Institutionalisierung einer *unparteilichen* Meinungs- und Willensbildung gewährleisten" (Habermas 1992, S. 412 f.; Herv. i. O.) soll. „Die Prinzipien des Rechtsstaates werden dabei als konsequente Antwort auf die Frage begriffen, wie die anspruchsvollen Kommunikationsformen einer demokratischen Meinungs- und Willensbildung institutionalisiert werden können." (ibid., S. 361).

[15] „Die diskursethische Lesart von politischer Autonomie macht eine Differenzierung im Begriff der politischen Macht nötig. Der rechtsförmig konstituierten Macht der staatlichen Administration (= administrative Macht; T.K.) muß, wenn die Gerechtigkeitsressource, aus der sich das Recht selbst legitimiert, nicht versiegen soll, eine rechtsetzende kommunikative Macht zugrundeliegen." (Habermas 1992, S. 183).

sondern allein schon um die Voraussetzungen ihres eigenen Entstehens zu gewährleisten.[16] Und administrative Macht bedarf der Legitimation durch kommunikative
Macht, sonst verkommt sie zur bloßen Gewalt und droht sich über kurz oder lang
selbst zu zerstören. Habermas will nun in diesem Zusammenhang zeigen, dass das
System der Rechte und der Rechtsstaat dasjenige Arrangement darstellen, *welches
eine glückliche Verbindung von kommunikativer und administrativer Macht ermöglicht.* Dies soll im Folgenden erläutert werden. Die oben bereits angeführten zwei
Mechanismen bei der Implementierung des Ideals der Selbstregierung können dafür in Habermas' Terminologie wie folgt reformuliert werden: *Es muss erstens die
Entstehung von kommunikativer Macht durch Rechte ermöglicht werden* (2.2.2) und
*zweitens muss die Steuerung der administrativen Macht seitens dieser kommunikati-
ven Macht durch den Rechtsstaat garantiert sein* (2.2.3).

2.2.2 Die Entstehung kommunikativer Macht: System der Rechte, Diskurs- und Demokratieprinzip

Wie entsteht also kommunikative Macht? Die erste Voraussetzung zur Entstehung
von kommunikativer Macht ist wie bereits gesagt das *System der Rechte*.[17] Formal
sind dies für Habermas diejenigen Rechte, die sich die Mitglieder einer Rechtsgemeinschaft gegenseitig zugestehen müssen, wenn sie ihr Zusammenleben mit
Mitteln des positiven Rechts autonom regeln wollen. Inhaltlich besteht dieses System der Rechte im Prinzip aus den bekannten Grundrechten, wie sie mittlerweile
in die meisten modernen Verfassungen Eingang gefunden haben – wobei sie von
Habermas bewusst zunächst als Rechtskategorien auf einer abstrakten Ebene her-
geleitet werden, die die konkrete Verwirklichung und Formulierung im jeweiligen
Einzelfall noch offen lässt. Diese Grundrechte sind vereinfacht zusammengefasst
die folgenden: 1) Das Recht auf Freiheit und Gleichheit; 2) das Recht auf Bürgerschaftsstatus; 3) das Recht auf Rechtsschutz; 4) das Recht auf Partizipation; 5) so-

---

[16] Habermas spricht von „den objektiv-rechtliche(n) *Implikationen,* die in den subjektiven
Rechten in nuce enthalten sind." (Habermas 1992, S. 168; Herv. i. O.; s. für eine Erläuterung
ibid., S. 167 f.).

[17] Ich überspringe bei meiner Darstellung hier einen Punkt, den Habermas noch vor dieser
Funktion des Systems der Rechte im Rahmen der Willensbildung geltend macht: die Tatsache, dass das System der Rechte die private und die öffentliche Autonomie (Menschenrechte
und Volkssouveränität) miteinander versöhnt. Dieser Punkt ist für meine Argumentation
nicht zentral.

ziale/materielle Rechte im Sinne einer Garantie für die Fähigkeit zur effektiven Wahrnehmung der vorstehenden Rechte.[18]

Grundrechte als erste Voraussetzung einer autonomen Selbstregierung – hier bewegt sich Habermas auf wohlerkundetem Terrain. Sein System der Rechte stellt nun aber bei genauer Betrachtung für die Bildung kommunikativer Macht nur eine notwendige, nicht aber eine hinreichende Bedingung dar. Denn es kann nicht aus sich selbst heraus garantieren, dass die *privaten* Rechtssubjekte auch effektiv von diesen Rechten Gebrauch machen werden, um die *öffentlichen* Angelegenheiten autonom zu regeln.[19] Habermas weiß, dass Rechtsnormen, indem sie es ihren Adressaten freistellen, ob diese ihnen gegenüber eine objektivierende oder eine performative Einstellung einnehmen, die Bürger nicht zur Ausübung ihrer Autonomie zwingen können: Das Recht auf Meinungsäußerung schließt es ein, sich der Äußerung zu enthalten. Die Grundrechte müssen sich daher darauf beschränken, es den Bürgern *anzusinnen*, auch effektiv von ihnen Gebrauch zu machen, um ihr Zusammenleben legitim zu regeln (vgl. Habermas 1992, S. 165).

Selbst für den Fall, dass dies geschieht, bleibt das System der Rechte jedoch nur ein erster Schritt in der Formierung von kommunikativer Macht. Denn kommunikative Macht entsteht erst durch konkrete Beratungs-, Verständigungs- und Willensbildungsprozesse auf der Grundlage des Systems der Rechte. In Form einer „Meinung, auf die sich viele öffentlich geeinigt haben" (Habermas 1992, S. 182 f.),[20] entsteht und bildet sich der Wille des Volkes erst in solchen Verständigungsprozessen; hier erst kommt er zum Ausdruck. Und damit ist kommunikative Macht nach Habermas ein Ergebnis von Deliberation, d. h. von Verfahren der Beratung und der Meinungs- und Willensbildung in Diskursen. Als *Diskurs* wird dabei ein „Ver-

---

[18] Als abstrakte Rechtskategorien klingen diese Rechte bei Habermas so: 1) Das Grundrecht auf das größtmögliche Maß gleicher subjektiver Handlungsfreiheiten, mit den folgenden beiden Rechtskategorien als notwendigen Korrelaten: 2) das Grundrecht auf Mitgliedschaftsstatus (Bürgerschaftsstatus) in der Rechtsgemeinschaft sowie 3) das Grundrecht auf Einklagbarkeit seiner Rechte, also auf individuellen Rechtsschutz; 4) das Grundrecht auf Teilnahme am Prozess der autonomen Selbstregierung; schließlich 5) das Grundrecht auf die Gewährung derjenigen (materiellen, sozialen) Voraussetzungen, die für eine effektive Inanspruchnahme der bereits eingeführten Grundrechte gewährleistet sein müssen. (Vgl. Habermas 1992, S. 155 ff.).

[19] Diese Insuffizienz umfasst zwei Ebenen: einmal kann das System der Rechte nicht garantieren, dass es überhaupt komplett realisiert wird, und zweitens kann es selbst in dem Fall, wo es eingerichtet wurde, nicht garantieren, dass die Bürger in seinem Rahmen auch an den Verständigungsprozessen über die normativen Grundlagen und Regeln des Zusammenlebens teilhaben werden – anstatt sich einfach zurückzuziehen und sich anderen Dingen zu widmen.

[20] Habermas übernimmt hier ein Zitat von Hannah Arendt.

such der Verständigung über problematische Geltungsansprüche" (Habermas 1992, S. 138) verstanden, wobei es in den hier interessierenden politischen bzw. rechtlichen Diskursen um die unparteiliche Setzung von Handlungsnormen (zur Erreichung kollektiver Ziele oder zur Regelung von Konflikten) geht, mit dem Ziel eines *rational motivierten Konsenses über die Geltung einer Handlungsnorm*. Um dies zu erreichen, müssen die gesuchten Handlungsnormen dem *Diskursprinzip* genügen:

> Gültig sind genau die Handlungsnormen, denen alle möglicherweise Betroffenen als Teilnehmer an rationalen Diskursen zustimmen könnten. (Habermas 1992, S. 138).

Das Diskursprinzip wird von Habermas zunächst gleichermaßen sowohl für rechtliche wie für moralische Handlungsnormen formuliert. Uns interessieren im Folgenden vor allem die *Rechts*normen, da sie – im Unterschied zu Moralnormen – den genuinen Gegenstand des Gesetzgebungsprozesses und der damit verbundenen Meinungs- und Willensbildung darstellen. So kommen wir zum *Demokratieprinzip*, welches sich eben genau aus der Verschränkung von Diskursprinzip und Rechtsform ergibt – und welches endlich dem Prozess der Rechtsetzung legitimitätserzeugende Kraft verleiht. Das Demokratieprinzip, welches also die Bedingung legitimer Rechtsetzung festlegen soll, besagt:

> [N]ur die juridischen Gesetze [dürfen] legitime Geltung beanspruchen (…), die in einem ihrerseits rechtlich verfaßten diskursiven Rechtsetzungsprozeß die Zustimmung aller Rechtsgenossen finden können. (Habermas 1992, S. 141).

Mit dem System der Rechte, dem Diskurs- und dem Demokratieprinzip ist die Entstehung kommunikativer Macht damit im Idealfall rekonstruiert: Auf der Grundlage des Systems der Rechte entsteht sie in Diskursen, die in der Setzung von konsentierten Rechtsnormen ihr vorläufiges Ende finden. Zwei Differenzierungen werden diesbezüglich noch eingeführt, auf die ich hier aber aus Platzgründen nur kurz eingehen will: 1) Habermas' *Prozessmodell der vernünftigen politischen Willensbildung* unterscheidet zum einen pragmatische, ethisch-politische, moralische und juristische Diskurse sowie verfahrensregulierte Verhandlungen. Diese bilden zusammen ein Netz von Diskursen und Verhandlungen, in welchem sich insgesamt die Willensbildung vollzieht – mit entsprechenden Übergängen von einer Diskursform zur anderen (vgl. Habermas 1992, S. 201 ff.). 2) Bezüglich der Form, die die Beratungen annehmen sollen, um zu legitimen Entscheidungen zu führen, spezifiziert Habermas nochmals die Verfahrensbedingungen. Er übernimmt sie in *Faktizität und Geltung* von Cohen (1989, S. 17 ff.), hatte aber in früheren Schriften selber schon ähnlich argumentiert. Demnach vollziehen sich die Beratungen in argumentativer Form, sind inklusiv und öffentlich (alle von den Beschlüssen möglicherweise Betroffenen haben gleiche Chancen des Zugangs und der Teilnahme), sind ferner frei von externen und internen Zwängen (jeder hat die gleichen Chancen, gehört zu werden, Themen einzubringen, Beiträge zu leisten, Vorschläge zu machen und zu kritisieren; Ja-/Nein-Stellungnahmen sind allein motiviert durch den zwanglosen Zwang des besseren Argumentes) und zielen schließlich auf ein rational motiviertes Einverständnis (vgl. Habermas 1992, S. 369 ff.). Entscheidend ist für mich dabei allein die Tatsache, dass durch diese weiteren Differenzierungen die Idealisierungen des Diskurs- und Demokratieprinzips nicht wirklich abgeschwächt, sondern konsequent durchgehalten werden: *Die Legitimation durch Verfahren à la Habermas zeigt sich kompromisslos gegenüber der Realität.*[21] Am Beispiel des Diskurs- und Demokratieprinzips wird zudem sehr deutlich die Verbindung der soziologischen Theorie des kommunikativen Handelns mit der politischen Theorie der deliberativen Demokratie bei Habermas erkennbar. Habermas geht aus von einer über Konsens und Verständigungsprozesse integrierten Gesellschaft, die im Bereich der Politik und des Rechts auf allgemein verbindliche Handlungsnormen abzielt; er entsubstantialisiert den notwendigen Commonsense, indem er sich auf die Vorgabe eines inhaltlich neutralen Verfahrens zur Findung der gesuchten Handlungsnormen beschränkt. Aus seiner Perspektive einer über Verständigungsprozesse integrierten Gesellschaft heraus entwickelt er also ein auf den Bereich der Politik und des Rechts abzielendes Modell der legitimen Gesetzgebung, welches ebenfalls auf intersubjektiven Konsens abstellt.

2.2.3 Die Steuerung administrativer und ökonomischer Macht durch kommunikative Macht im Rechtsstaat

Für das Ideal der Selbstregierung einer konkreten Gemeinschaft von Rechtsgenossen reicht die Bildung kommunikativer Macht allein nicht aus. Sie bildet vielmehr einen ersten Schritt, auf den dann noch ein zweiter folgen muss: Die effektive Steuerung administrativer Macht durch kommunikative Macht. In diesem Zusammenhang wird von Habermas zugestanden, dass die Gesellschaft nicht *ausschließlich* über kommunikatives Handeln und Verständigungsprozesse integriert werde. Zwar wird diesem Integrationsmodus ein klarer Primat eingeräumt, jedoch sieht Habermas (im Anschluss an Talcott Parsons) bestimmte Bereiche der Gesellschaft auch über *Systeme* integriert, die sich auf der Basis eines verhärteten, der Problematisierung entzogenen Codes ausbilden. Es handelt sich um das administrative

---

[21] Als einzige Ausnahme erwähnenswert wäre Habermas' Hinweis auf politische Entscheidungszwänge, aufgrund derer Diskurse häufig vorzeitig durch Mehrheitsbeschluss beendet werden müssen – wobei natürlich vorausgesetzt bleibt, dass sie zu einem späteren Zeitpunkt stets wieder aufgenommen werden können (s. Habermas 1992, S. 371).

System mit dem Steuerungsmedium der administrativen Macht und um das ökonomische System mit dem Steuerungsmedium Geld. Welches Problem ergibt sich daraus nun für die kommunikative Selbstbestimmung der Bürger, die natürlich nach wie vor das normative Ideal für Habermas ist? Die mediengesteuerten Handlungsbereiche der Ökonomie und der Administration drohen sich derart gegen die Verständigungspraxis der Bürger abzuschotten, dass sie sich jeglicher Kontrolle entziehen und ungeachtet ihrer externen Effekte auf die Lebenswelt verselbständigen. Habermas (vgl. 1992, S. 58) bezeichnet dieses Problem auch als rechtsexterne Spannung zwischen Faktizität und Geltung – in Abgrenzung zur rechtsinternen, die jede Rechtsnorm in sich trägt, indem sie gleichzeitig durch faktischen Zwang Folgebereitschaft und durch legitime Geltung Einsicht bewirken können muss (s. o.). Die illegitime Einwirkung ökonomischer Macht auf den Gesetzgebungsprozess ebenso wie eine Selbstprogrammierung der administrativen Macht stellen also die deliberative Politik auf die Probe und fordern sie heraus. Die Selbstbestimmung droht zur Farce zu werden, wenn freie Willens- und Meinungsbildungsprozesse zwar stattfinden, eine effektive Umsetzung des gebildeten Willens jedoch ausbleibt bzw. am Widerstand der Systeme scheitert. *Talk* ohne *action* würde dann das Ideal deliberativer Politik ad absurdum führen.[22]

Die Lösung für die Bewältigung der rechtsexternen Spannung von Faktizität und Geltung liegt nun für Habermas im Rechtsstaat. Dieser stellt das Postulat auf, dass sich sowohl ökonomische als auch administrative Macht nicht am legitim gesetzten Recht vorbei in politischen Entscheidungen niederschlagen dürfen.[23] Nur auf diese Weise kann letztlich der Primat des Rechts als *grundlegendem* Integrationsmedium der modernen Gesellschaft durchgesetzt werden gegenüber den *abgeleiteten* Steuerungsmedien Geld und administrativer Macht.

Konkret geschieht dies in Form einer „rechtliche(n) Institutionalisierung von Märkten und bürokratischen Organisationen" (Habermas 1992, S. 101). So bleiben auch die Systeme in den Spannungsbereich aus Faktizität und Geltung einbezogen. Kein gesellschaftlicher Bereich kann dann definitiv der Geltungsdimension sozialer Ordnung den Rücken zukehren und sich allein auf seine Faktizität verlassen. Auf diese Weise kann das Recht zwischen den Systemen einerseits und der Lebenswelt andererseits vermitteln:

---

[22] Diese Begriffe übernehme ich von Brunsson (1989).

[23] „Die Idee des Rechtsstaates läßt sich dann allgemein als die Forderung interpretieren, das über den Machtcode gesteuerte administrative System an die rechtsetzende kommunikative Macht zu binden und von den Einwirkungen sozialer Macht, also der faktischen Durchsetzungskraft privilegierter Interessen, freizuhalten. Die administrative Macht soll sich nicht selbst reproduzieren dürfen." (Habermas 1992, S. 187).

> Das Recht funktioniert gleichsam als Transformator, der erst sicherstellt, daß das Netz der sozialintegrativen gesamtgesellschaftlichen Kommunikation nicht reißt. Nur in der Sprache des Rechts können normativ gehaltvolle Botschaften *gesellschaftsweit* zirkulieren; ohne die Übersetzung in den komplexen, für Lebenswelt und System gleichermaßen offenen Rechtskode, würden diese in den mediengesteuerten Handlungsbereichen auf taube Ohren treffen. (Habermas 1992, S. 78; Herv. i. O.).

Mit der Entstehung kommunikativer Macht und ihrer Umformung in administrative Macht habe ich das ideale Modell deliberativer Politik von Habermas in diesem Abschnitt nachgezeichnet. Vor dem nächsten Abschnitt soll das bisher Gesagte noch einmal zusammengefasst werden. Habermas' Idealmodell deliberativer Politik beschreibt im Kern einen Prozess legitimer Rechtsetzung. Es geht aus von der Annahme, dass moderne Gesellschaften vor allem über Recht integriert werden, und dass dafür das Recht legitim sein muss. Legitimes Recht ist nach dem Modell deliberativer Politik dann ein Resultat von Diskursen, und die wichtigste Bedingung für die Möglichkeit solcher Diskurse sind wiederum bestimmte rechtliche Institutionen: Das System der Rechte und der Rechtsstaat bilden die Grundlage für die Entstehung kommunikativer Macht und deren Umformung in administrative Macht. Garantieren können sie sie aber nicht. Deshalb stellt sich die Frage nach der Realität deliberativer Politik in konkreten demokratischen Gemeinschaften, die nun diskutiert werden soll.

2.3   Die soziologische Übersetzung des idealen Modells

Im vorangegangenen Abschnitt wurde gezeigt, wie Habermas zunächst ein „mit Idealisierungen befrachtete(s) Verfahrenskonzept" (Habermas 1992, S. 349) deliberativer Politik entworfen hat. Habermas selbst räumt nun ein, dass bei diesem Modell unklar sei, wie es an empirische Untersuchungen Anschluss finden könne, „welche die Politik in erster Linie als eine Arena von Machtprozessen begreifen und unter Gesichtspunkten interessengeleiteter strategischer Auseinandersetzungen oder systemischer Steuerungsleistungen analysieren." (ibid.) Das ideale Modell deliberativer Politik wirft mithin das Problem einer „soziologischen Übersetzung" (Habermas 1992, S. 432) auf. Dabei geht es insbesondere um die Frage, *welches Gewicht dem oben erläuterten rechtsstaatlich regulierten Machtkreislauf* (damit meint Habermas die Steuerung der administrativen Macht durch kommunikative Macht) *empirisch zukommt*. Habermas' These lautet diesbezüglich: Zwar gibt es im politischen Alltag Widerstände gegen den rechtsstaatlich vorgeschriebenen offiziellen Machtkreislauf, jedoch sind diese überwindbar und stellen das Modell der deliberativen Demokratie nicht per se in Frage. Im Kern von Habermas' Argumentation steht dabei das Konzept einer zweigleisig verlaufenden deliberativen Politik, welches eine Ergänzung von institutionalisierter (die offiziellen Beratungen innerhalb

des ausdifferenzierten, rechtsstaatlich verfassten politischen Systems) und nichtinstitutionalisierter Meinungs- und Willensbildung (die spontane Meinungsbildung
innerhalb von Öffentlichkeit und Zivilgesellschaft) vorsieht.

2.3.1 Das Konzept der zweigleisig verlaufenden deliberativen Politik

Um sein Modell deliberativer Politik einem Realitätstest zu unterziehen und eine
Antwort auf die Frage nach der Durchsetzungsfähigkeit des rechtsstaatlich regulierten Machtkreislaufs zu geben, bedient sich Habermas eines Zentrum-Periphe-
rie-Modells des politischen Systems von Peters (s. für das Folgende Habermas 1992,
S. 429 ff.). Demnach gliedert sich das politische System in ein Zentrum (Verwaltung, Regierung, Gerichtswesen, Parlament, Parteien) und eine Peripherie (Zivilgesellschaft, Interessengruppen, Verbände, Öffentlichkeit). Die Crux des Modells
liegt dabei wie auch bei Habermas' eigener Theorie in der Legitimitätsproblematik
politischer Entscheidungen. Denn die Legitimität der Entscheidungen im Zentrum
ist nach Peters abhängig von Meinungs- und Willensbildungsprozessen in der Peripherie: Bindende Entscheidungen des Zentrums müssen, um legitim zu sein, von
Kommunikationsflüssen gesteuert sein, die von der Peripherie ausgehen. Nur wenn
dies auch tatsächlich der Fall ist, liegt der offizielle, rechtsstaatlich regulierte, durch
kommunikative Macht gesteuerte Machtkreislauf vor, wie wir ihn oben dargestellt
haben.

Allerdings konkurriert dieser offizielle Machtkreislauf im politischen Alltag
ständig mit einem Gegenkreislauf, welcher die Entscheidungsprozesse des Zentrums gerade an der Peripherie vorbei lenkt – sei es in der Form einer Selbstprogrammierung der Verwaltung, sei es in der Form des illegitimen Eindringens
mächtiger ökonomischer Interessen in den Gesetzgebungsprozess. In solchen Fällen wird zwar auch von der Gesetzes- bzw. Rechtsform Gebrauch gemacht, aber die
eigentliche Legitimation durch kommunikative Macht umgangen.

Habermas räumt an dieser Stelle ein, dass eine realistische Betrachtung des politischen Geschehens schnell zu dem Ergebnis führe, dass der Gegenkreislauf in der
Regel dominiere: In den meisten Fällen würden die Entscheidungsprozesse tatsächlich an der Peripherie vorbei gelenkt und dann in ihren Ergebnissen nur noch der
Öffentlichkeit präsentiert.[24] Dies spricht nach Habermas jedoch nicht *prinzipiell*

---

[24] Bzw. wird in den meisten Fällen die Peripherie nur hochgradig selektiv berücksichtigt, da
andernfalls eine Entscheidung nicht mehr möglich wäre. Und die Kriterien der Selektion der
zu berücksichtigenden Interessen decken sich in der Praxis dabei gerade nicht mit Habermas' Ideal eines barrierefreien Zugangs aller von der Entscheidung betroffenen Bürger zum
politischen Zentrum.

gegen das Modell deliberativer Politik. Denn die Tatsache eines dominierenden Gegenkreislaufs könne auch als Entlastung der Bürger verstanden werden – und zwar vom politischen Alltagsgeschäft, d. h. von der Bürde der zeitaufwendigen Deliberation mit entsprechendem Entscheidungszwang. Der Gegenkreislauf (selbst wenn er nicht nur gelegentlich, sondern überwiegend an die Stelle des offiziellen Kreislaufs trete) sei also insofern unproblematisch, als dadurch schlicht Komplexität reduziert werde – gesetzt den Fall natürlich, dass dies auch *inhaltlich* im Sinne der Bürger geschehe. Entscheidend ist deshalb aus Habermas' Perspektive vielmehr, dass in Konfliktfällen die Routine des Gegenkreislaufs stets problematisiert werden können muss. Für den Fall also, dass die Bürger während eines laufenden Entscheidungsprozesses oder angesichts einer schon getroffenen Entscheidung massive inhaltliche Bedenken anmelden, muss der offizielle Machtkreislauf *gegen den bis dahin praktizierten Gegenkreislauf* wieder voll zur Geltung gebracht werden können – so dass dann bei den zu klärenden Fragen wieder die eigentlichen Träger der kommunikativen Macht, also die Bürger, das letzte Wort haben (zumindest vermittelt über das gewählte Parlament und die für ihre Anliegen offenen Gerichte).

Auf diese Weise würden sich ein normaler und ein außerordentlicher Entscheidungsmodus im politischen System ergänzen. Der normale (zwar nicht im normativen, aber im faktischen Sinne) wäre der Gegenkreislauf, der außerordentliche der offizielle Kreislauf. *Und dies durchaus im Sinne deliberativer Politik*, unter der Voraussetzung, dass im Falle der Problematisierung durch die Öffentlichkeit der offizielle Machtkreislauf obsiegt.[25] Damit aber dies geschehen kann, müssen wiederum zwei Bedingungen erfüllt sein: Öffentlichkeit und Zivilgesellschaft müssen im Namen der Bürger die im Zentrum ablaufenden politischen Prozesse effektiv überwachen können; d. h. sie müssen erstens Missstände wahrnehmen und sie zweitens auch thematisieren können (vgl. Habermas 1992, S. 435).

2.3.2 Öffentlichkeit und Zivilgesellschaft

Damit „fällt ein guter Teil der normativen Erwartungen, die mit deliberativer Politik verknüpft sind, auf die peripheren Strukturen der Meinungsbildung." (Habermas 1992, S. 434). Hier kommen nun die *Öffentlichkeit* und die *Zivilgesellschaft* ins Spiel. Wie stellt sich Habermas diese vor? Habermas denkt hier an Netzwerke nichtinstitutionalisierter öffentlicher Kommunikation, die mehr oder weniger

---

[25] „Der Druck der öffentlichen Meinungen erzwingt dann einen außerordentlichen Problemverarbeitungsmodus, der die rechtsstaatliche Regulierung des Machtkreislaufes begünstigt, also Sensibilitäten für die verfassungsrechtlich geregelten politischen Verantwortlichkeiten aktualisiert." (Habermas 1992, S. 433).

spontane Meinungsbildungsprozesse ermöglichen. Es geht um resonanzfähige und autonome Öffentlichkeiten, d. h. um eine Öffentlichkeit, die erstens die Fähigkeit besitzt, diejenigen Probleme aufzuspüren, welche einer politischen Regelung bedürfen, und die zweitens auch dazu in der Lage ist, sich mit ihren Problematisierungen im politischen System Gehör zu verschaffen.

Ein erster wichtiger Punkt bei Habermas' Konzeption von Öffentlichkeit ist deshalb deren kritische Funktion: Für Habermas ist Öffentlichkeit nicht gleich Öffentlichkeit. Sie ist nicht zu verwechseln mit der bloß statistischen Aggregation individueller Meinungen, ebenso wenig ist sie identisch mit repräsentativen Umfragen. Entscheidend sind vielmehr eine spezifische Art des Zustandekommens, eine gemeinsam verfolgte Kommunikationspraxis – sie erst machen eine qualifizierte öffentliche Meinung aus. Habermas meint damit die Notwendigkeit einer

> mehr oder weniger erschöpfenden Kontroverse, in der Vorschläge, Informationen und Gründe mehr oder weniger rational verarbeitet werden können. Mit diesem ‚Mehr oder Weniger' an ‚rationaler' Verarbeitung von ‚erschöpfenden' Vorschlägen, Informationen und Gründen variieren allgemein das *diskursive Niveau* der Meinungsbildung und die ‚Qualität' des Ergebnisses. (Habermas 1992, S. 438; Herv. i. O.).

Über die „Qualität" einer öffentlichen Meinung entscheiden also spezifische Kriterien ihres Zustandekommens – genauer gesagt der diskursive Charakter von Prozessen der öffentlichen Meinungsbildung. Dieser begründet für Habermas „ein Maß für die Legitimität des Einflusses, den öffentliche Meinungen auf das politische System ausüben." (ibid., S. 439).[26]

Habermas geht dabei allerdings von einer Differenzierung zwischen Akteuren und Publikum aus. In der öffentlichen Meinung werde i. d. R. stellvertretend um Einfluss auf politische Entscheidungen gerungen: Organisierte Akteure versuchten die Willensbildung im Namen ihrer Mandanten aktiv zu beeinflussen. Das Substrat und die letzte Instanz der Öffentlichkeit blieben jedoch stets die zum Publikum vereinigten Privatleute.

> Aber der politische Einfluß, den die Akteure über öffentliche Kommunikation gewinnen, muß sich *letztlich* auf die Resonanz, und zwar die Zustimmung eines egalitär zusammengesetzten Laienpublikums stützen. Das Publikum der Bürger muß durch verständliche und allgemein interessierende Beiträge zu Themen, die es als relevant

---

[26] Die auffällige Anhäufung von Anführungszeichen im obigen Zitat deutet allerdings darauf hin, dass Habermas wohl selber nicht ganz wohl bei dieser Aussage ist. Wer ist denn hier befugt, über die Qualität der öffentlichen Meinung zu entscheiden? Für einen Systemtheoretiker verweisen solche Kriterien nur auf die Willkür eines Beobachters. Da hilft es auch nichts, wenn man sich auf scheinbar neutrale prozedurale Kriterien des Zustandekommens einer qualifizierten öffentlichen Meinung zurückzieht.

empfindet, *überzeugt* werden. Das Publikum besitzt diese Autorität, weil es für die Binnenstruktur der Öffentlichkeit, in der Akteure auftreten können, konstitutiv ist. (Habermas 1992, S. 440; Herv. i. O.).

Habermas hegt also die Vorstellung einer *Kontinuität* der öffentlichen Meinung, ausgehend von den privaten Erfahrungen der Bürger und endend bei den abstrakt und konzentriert vorgetragenen Argumentationen in Form von professioneller Öffentlichkeitsarbeit. Dieser Punkt ist wiederum typisch für die gesamte Theorie deliberativer Politik, die einen Bruch zwischen Bürgern und Repräsentanten ja gerade vermeiden will – bei allen Entlastungen, arbeitsteiligen Routinen und alltäglichen Widerständen.

Von daher erschließt sich schließlich auch die Verknüpfung von Öffentlichkeit und *Zivilgesellschaft* in Habermas' Demokratietheorie: Die wichtigsten Akteure der Öffentlichkeit sind für Habermas freiwillige zivilgesellschaftliche Assoziationen – denn sie sorgen für die soziale Verankerung der Öffentlichkeit in der Lebenswelt. In der Lebenswelt der Bürger treten die Konsequenzen der durch die Systeme verursachten externen Effekte offen zutage; sie stellt eine Art sensiblen „Resonanzboden" (Habermas 1992, S. 77) für gesamtgesellschaftliche Problemlagen dar. Zivilgesellschaftliche Assoziationen bündeln dabei die Belange der Bürger, die mit den zu regelnden Problemen konfrontiert werden, und verschaffen ihnen im politischen System Gehör,

> indem sie die Resonanz, die die gesellschaftlichen Problemlagen in den privaten Lebensbereichen finden, aufnehmen, kondensieren und lautverstärkend an die politische Öffentlichkeit weiterleiten. (Habermas 1992, S. 443).

Habermas muss dabei allerdings einen sehr restriktiven Begriff von Zivilgesellschaft in Kauf nehmen, denn er will eine Manipulation oder aktive Beeinflussung des authentischen Bürgerwillens seitens organisierter Akteure ausschließen. Deshalb schließt er Parteien ebenso wie Interessenverbände und Unternehmen aus seiner Definition von Zivilgesellschaft aus (s. Habermas 1992, S. 443 ff.). Da bleibt dann freilich nicht mehr viel übrig: nicht-staatliche, nicht-ökonomische, bürgerliche Assoziationen auf freiwilliger Basis beschränken sich wohl auf neue soziale Bewegungen, Bürgerforen und bestimmte NGOs.

Habermas muss sich deshalb zuletzt der Frage stellen, welchen Platz seine idealen Konzepte der Öffentlichkeit und der Zivilgesellschaft in den modernen repräsentativen Demokratien im Zeitalter der Massenkommunikation tatsächlich einnehmen. Die Öffentlichkeit räsoniert und resoniert, sie bezieht ihre Impulse dabei vor allem aus denjenigen freiwilligen Assoziationen, die in der Lebenswelt verankert sind und im politischen System den durch die Bürger wahrgenommenen Problemen eine Stimme verleihen – dieses Bild ist ein normatives, welches mit einer Vielzahl an soziologischen Untersuchungen zu den empirisch beobachtbaren Prozessen öffentlicher Meinungsbildung nicht unbedingt harmoniert. Habermas räumt das ein, aber er sieht hier wiederum keinen *prinzipiellen* Einwand gegen seine Konzeption von Öffentlichkeit und Zivilgesellschaft. Es bleibe eine empirische Frage, ob die kritische Funktion der Öffentlichkeit im Einzelfall wahrgenommen werde oder nicht. Und zivilgesellschaftliche Assoziationen hätten gegenüber den staatlichen Akteuren immerhin einen klaren Vorsprung, wenn es darum ginge, neue und wichtige politische Themen aufzuspüren, da sie in der Lebenswelt verankert seien und einen direkten Bezug zu den Bürgern mit ihren Problemen hätten. Zudem kann für Habermas nach dem Modell zweigleisiger deliberativer Politik selbst eine im politischen Alltag im Ruhezustand verharrende Öffentlichkeit in Krisenfällen wieder einen entscheidenden kritischen Einfluss auf die verfasste politische Willensbildung erlangen.

Angesichts der für ihn nur am konkreten Einzelfall zu beantwortenden Frage nach der empirischen Gestalt von Prozessen der öffentlichen Meinungsbildung konzentriert sich Habermas daher lieber auf die normativen Anforderungen an die entsprechenden Akteure, so z. B. auf die Forderung, die Massenmedien *sollten* sich als Sprecher der zum Publikum versammelten Privatleute verstehen, anstatt sie zu manipulieren (vgl. Habermas 1992, S. 456 ff.). Er beschränkt sich allgemein auf die normativen Anforderungen, denen die Öffentlichkeit genügen *soll* und verknüpft dies lediglich mit dem Hinweis, dass sie im Zweifelsfall auch eine kritische Rolle spielen *kann*. Ob sie dies aber auch tatsächlich *tut*, lässt er offen.[27] Damit wird er aber seiner angestrebten „soziologischen Übersetzung" des Modells deliberativer Politik nur in einem geringen Maß gerecht. Sollte sie sich tatsächlich darauf beschränken, dem Beobachter lediglich weitere Kriterien an die Hand zu geben, um überprüfen zu können, inwiefern in einem konkreten politischen System der offizielle demokratische Machtkreislauf vorliegt? Habermas führt ja tatsächlich viele empirische Einwände *gegen* sein Modell deliberativer Politik an: z. B. Hinweise auf vermachtete, von politischen und wirtschaftlichen Akteuren manipulierte Öffentlichkeiten, die ihrer kritischen Funktion nur noch in einem stark eingeschränkten Ausmaß nachkommen können.[28] Wenn er sich angesichts dieser Einwände dann

---

[27] Dies ist insofern unbefriedigend, als Habermas sich bereits in seinem frühen Werk *Strukturwandel der Öffentlichkeit* (1962) durchaus skeptisch gegenüber der Fähigkeit der Öffentlichkeit zur Rationalisierung der Politik in der modernen Gesellschaft geäußert hat. In *Faktizität und Geltung* weicht er einer realistischen Einschätzung der Macht der Peripherie aus und belässt es beim bloßen Hinweis auf die Möglichkeit.

[28] „Generell wird man sagen können, daß sich das vom Fernsehen konstruierte Bild der Politik weitgehend aus Themen und Beiträgen zusammensetzt, die bereits für die Medienöffentlichkeit produziert und über Konferenzen, Verlautbarungen, Kampagnen usw. in sie

aber auf den Hinweis beschränkt (welcher nicht mit einem empirischen Nachweis zu verwechseln ist), dass eine kritische Funktion der Öffentlichkeit in Krisenfällen weiterhin möglich bleibe, umgeht er damit die eigentlich interessante Frage nach der *Realität deliberativer Politik*. Insgesamt lässt sich insofern bei Habermas' Ausführungen zu Öffentlichkeit und Zivilgesellschaft, ja überhaupt bei seinem Vorschlag der soziologischen Übersetzung des idealen Modells deliberativer Politik, ein *Rückzug aus dem Analytischen ins Normative* konstatieren. Habermas' rekonstruktive Soziologie wird so mehr und mehr zum bloßen Wunschdenken – und dies gerade an der Stelle, wo sie erst richtig gefordert wäre; gilt es doch hier, Theorie und Praxis in ein sinnvolles Verhältnis zu setzen.[29]

Aber damit greife ich bereits einer Kritik vor, die erst im letzten Abschnitt des Buches systematisch entfaltet werden soll. Einstweilen habe ich Habermas' Theorie der deliberativen Demokratie (soweit es hier möglich und für meine Zwecke erforderlich ist) in ihren zentralen Zügen rekonstruiert und dabei gezeigt, welchen Platz Habermas solchen Phänomenen wie dem Recht, dem Rechtsstaat, der diskursiven Meinungs- und Willensbildung, der Öffentlichkeit und der Zivilgesellschaft jeweils einräumt. Der Gang der Darstellung bewegte sich vom Stellenwert des Rechts als wichtigstem Integrationsmedium der modernen Gesellschaft zum Prozess der Rechtsetzung, für den zunächst ein ideales Verfahren entworfen wurde, um schließlich nach dessen möglicher Umsetzung zu fragen. Es gilt jetzt, den rechts- und demokratietheoretischen Überlegungen von Habermas jene von Luhmann entgegenzustellen.

---

eingeschleust werden. Die Informationsproduzenten setzen sich um so stärker durch, je mehr sich ihre Öffentlichkeitsarbeit durch personelle Besetzung, technische Ausstattung und Professionalität auszeichnet. Kollektive Akteure, die außerhalb des politischen Systems oder außerhalb gesellschaftlicher Organisationen und Verbände operieren, haben normalerweise geringere Chancen, Inhalte und Stellungnahme der großen Medien zu beeinflussen. Das gilt besonders für Meinungen, die aus dem ‚ausgewogenen', d. h. zentristisch eingeschränkten und wenig flexiblen Meinungsspektrum der großen elektronischen Medien herausfallen." (Habermas 1992, S. 455).

[29] Ich werde später (4.1.1) noch genauer auf die Methode der rekonstruktiven Soziologie zu sprechen kommen und dann auch auf die Frage antworten, warum Habermas sich weigert, angesichts der Diskrepanz zwischen seiner Theorie und der gesellschaftlichen Wirklichkeit Abstriche an seinen Idealvorstellungen zu machen.

Luhmanns Theorie des politischen Systems

3

Im folgenden Kapitel werde ich Luhmanns Theorie des politischen Systems vorstellen. Wie auch im vorangegangenen Kapitel zu Habermas wird dabei am Anspruch festgehalten, zum einen die Theorie zunächst so darzustellen, wie Luhmann sie selbst vertreten hat, und zum anderen die Theorie als Ganzes dadurch verständlicher zu machen, dass sie in einzelne Teile untergliedert wird.

In einem ersten Schritt werde ich in wichtige Grundlagen der Luhmannschen Systemtheorie einführen, indem ich auf Luhmanns Antwort auf das Problem der doppelten Kontingenz sowie seine Charakterisierung von sozialen Systemen eingehe (3.1). Soziale Systeme sind emergente Systeme, die die eigenen Einheiten selbst herstellen und dabei geschlossen und offen zugleich operieren. Nachdem diese Grundlagen geklärt sind, werden wir sie auf das politische System als ein spezifisches Funktionssystem der modernen Gesellschaft anwenden (3.2). Die Politik muss sich als emergentes System von anderen sozialen und nichtsozialen Systemen in ihrer Umwelt unterscheiden. Dies geschieht über eine spezifische politische Funktion, ein systemeigenes Medium und einen entsprechenden Code. Zugleich muss sie als System umweltoffen sein. Dies geschieht vor allem durch Wahlen und die öffentliche Meinung. In einem letzten Schritt werde ich schließlich auf zwei Konzepte eingehen, hinsichtlich deren sich Luhmanns Analysen radikal von denjenigen Habermas' unterscheiden (3.3). Dies ist zum einen Luhmanns Konzeption von Legitimität bzw. seine Vorstellung von einer Legitimation durch Verfahren und zum anderen das systemtheoretische Verständnis von politischer Öffentlichkeit im Gegensatz zum diskurstheoretischen.

T. König, *In guter Gesellschaft?*, DOI 10.1007/978-3-531-19365-6_3
© VS Verlag für Sozialwissenschaften | Springer Fachmedien Wiesbaden 2012

3.1   Ausgangspunkt: Doppelte Kontingenz und soziale Systeme

Wie schon im Fall von Habermas' Theorie der deliberativen Politik, so will ich auch bei der Darstellung von Luhmanns Theorie des politischen Systems einen allgemeinen soziologischen Teil an den Anfang stellen, in dem ich die grundlegende Sozialtheorie dieses Autors kurz vorstelle. Dazu bietet es sich an, parallel zur Rekonstruktion der Sozialtheorie von Habermas mit Luhmanns Antwort auf das Problem der doppelten Kontingenz zu beginnen (3.1.1). Sodann werden die wichtigsten Grundannahmen der Theorie selbstreferentieller Systeme kurz skizziert (3.1.2).

3.1.1   Doppelte Kontingenz: Luhmanns Antwort

In gewisser Weise steht auch bei Luhmanns soziologischer Theorie am Anfang das Problem doppelter Kontingenz. Allerdings gibt Luhmann eine ganz andere Antwort darauf als Habermas und Parsons. Wie Habermas übernimmt auch Luhmann von Parsons die Problemformulierung. Anders als Habermas greift er aber nicht mehr Parsons (klassischen) Lösungsvorschlag auf, um ihn zu verfeinern, sondern setzt bei seiner Lösung grundlegend anders an. Doppelte Kontingenz wird bei Luhmann nicht durch den Verweis auf einen den jeweiligen Handlungsselektionen vorgelagerten normativen Konsens entproblematisiert. Sie führt vielmehr zur Konstitution von sozialen Systemen. Der klassische Lösungsweg über Intersubjektivität und normativen Konsens ist für Luhmann inakzeptabel, da er das Problem lediglich in die Vergangenheit verlege. Auf diese Weise werde „die Konstitution sozialer Systeme an einen immer schon vorhandenen kulturellen Code gebunden, obwohl sie auch dessen Entstehung und Funktion zu erklären hätte." (Luhmann 1984, S. 150).[1] Anstatt das Problem auf diese Weise zu umgehen, nutzt Luhmann es

---

[1] Dieser Vorwurf trifft auch noch auf Habermas zu. Denn dieser vergegenwärtigt zwar einerseits die Lösung des Problems der doppelten Kontingenz, indem er auf die reflexive Aneignung der kulturellen Traditionen seitens der kommunikativ Handelnden abstellt. Wie ich oben schon einmal formuliert habe: Es genügt nicht mehr, dass geltende Werte einfach tradiert werden, sondern die Subjekte selbst müssen sie sich reflexiv aneignen, also entweder verwerfen oder mit dem Vorbehalt der Vorläufigkeit bis auf weiteres akzeptieren. Dem entspricht auch, dass die kommunikativ Handelnden natürlich immer *in der Gegenwart* mit ihren Sprechakten Geltungsansprüche erheben und damit zu Ja/Nein-Stellungnahmen herausfordern. *Aber*: Bei der Frage nach den Bedingungen der Möglichkeit solch aktueller Verständigungsprozesse in der Gegenwart fällt Habermas dann wieder in die klassische Position zurück: Die Lebenswelt i.S. von unproblematischen, geteilten Hintergrundüberzeugungen ermöglicht für ihn erst die gegenwärtige Verständigung über problematisierte Geltungsansprüche. Daran hält Habermas unbeirrbar auch dann noch fest, wenn er den Schwerpunkt

als Sprungbrett für eine kreative Lösung, die für alle weiteren Aspekte seiner Theorie von zentraler Bedeutung ist. Diese Lösung lautet im Kern: Das Problem der doppelten Kontingenz löst sich von selbst, indem es den Anlass bildet zur Konstitution einer neuen, emergenten Ordnung mit eigener Komplexität – gemeint sind damit soziale Systeme.

Demnach ist doppelte Kontingenz als ein reiner Kurzschluss, als ein Zirkel in der Form „Ich lasse mich von Dir nicht bestimmen, wenn Du Dich nicht von mir bestimmen lässt" (Luhmann 1984, S. 167) die Keimzelle für *eine neue System/Umwelt-Differenz, die sich weder auf die psychischen Systeme Ego und Alter noch auf irgend etwas anderes in ihrer Umwelt reduzieren lässt.* Aufbauend auf vielen Voraussetzungen (psychische Systeme, welche doppelte Kontingenz erfahren, aber auch: eine physikalisch, biologisch, chemisch funktionierende Welt) entsteht so eine auf diese Voraussetzungen irreduzible Ordnung mit entsprechend eigener Komplexität, Selektivität, Konditionierung etc.

Auf diese Weise kann eine emergente Ordnung zustande kommen, die *bedingt ist* durch die Komplexität der sie ermöglichenden Systeme, die *aber nicht davon abhängt, daß diese Komplexität auch berechnet, auch kontrolliert werden kann.* Wir nennen diese emergente Ordnung soziales System. (Luhmann 1984, S. 157; Herv. i.O.).[2]

Das, was also scheinbar (!) zwischen Alter und Ego ein Kontinuum bildet und sie verbindet, ist damit bei Luhmann eine ganz neue Einheit – eine „sich selbst konditionierende Unbestimmtheit" (Luhmann 1984, S. 167), in der die Bestimmung jedes einzelnen ihrer Elemente nur noch den anderen *eigenen* Elementen überlassen bleibt.[3] Soziale Systeme sind damit nicht mehr auf die beteiligten psychischen Systeme Alter und Ego zurückzuführen, sie sind vielmehr als emergentes System/

---

sozialer Integration in modernen Gesellschaften im Recht erblickt (s. z. B. Habermas 1992, S. 434 f.). Es bleibt also dabei: Soziale Ordnungen bestehen für Habermas „im Modus der Anerkennung von normativen Geltungsansprüchen" (1992, S. 33) und sind dabei auf Voraussetzungen angewiesen, die ihnen nicht zur Disposition stehen.

[2] Emergenz ist für Luhmann also „nicht einfach Akkumulation von Komplexität, sondern Unterbrechung und Neubeginn des Aufbaus von Komplexität." (Luhmann 1984, S. 44). Dies heißt auch, „daß Systeme höherer (emergenter) Ordnung von geringerer Komplexität sein können als Systeme niederer Ordnung, da sie Einheit und Zahl der Elemente, aus denen sie bestehen, selbst bestimmen, also in ihrer Eigenkomplexität unabhängig sind von ihrem Realitätsunterbau." (ibid., S. 43).

[3] „Es wird fragwürdig, wie man überhaupt noch die Einheit einer Beziehung denken kann, die eine Mehrheit selbstreferentieller Systeme liiert. Die Beziehung wird selbst zur Reduktion von Komplexität. Das aber heißt: sie muß als emergentes System begriffen werden." (Luhmann 1984, S. 154). Hier bietet es sich an, zum Begriff der Autopoiesis überzuleiten, welcher besagt, dass ein System die eigenen Elemente aus den eigenen Elementen produziert und reproduziert – ich gehe darauf im nächsten Abschnitt näher ein.

Umwelt-Verhältnis für jedes dieser beteiligten psychischen Systeme Teil von deren eigenen Umweltverhältnissen.

Inwiefern löst sich das Problem der doppelten Kontingenz nun aber von selber? Für Luhmann ist der reine Zirkel bzw. Kurzschluss einer sozial noch vollständig unbestimmten doppelten Kontingenz schlicht von sich aus in höchstem Maße empfindlich für beliebige Zufallsereignisse, die als Enttautologisierer (sit venia verbo) am Anfang der Entstehung sozialer Ordnung stehen. *Irgendeine* Selektion auf der Seite Alters führt zu *irgendeiner* Reaktion in Form einer weiteren Selektion durch Ego, und diese Selektionen sind in ihrer Abfolge kontingenzreduzierend, sie erlangen sukzessive einen die Anschlusshandlung mehr oder weniger bestimmenden Effekt *auf der sozialen Ebene*. So kommt es im Laufe der Zeit zur Bildung von überpersonalen Erwartungsstrukturen, an die sich dann später Sinngehalte ankristallisieren, um sie als solche zu legitimieren. Es entsteht damit eben diejenige soziale Umwelt, die wir als psychische Systeme heute vorfinden. Und erst im Anschluss an diese soziale Strukturierung kommt es zu so etwas wie gemeinsamen Situationsdefinitionen, zu kongruenten Vorstellungen (identische dürften ausgeschlossen sein) *auf der Ebene der einzelnen psychischen Systeme*.

Soziale Systeme werden (wie autopoietische Systeme überhaupt) bei Luhmann damit von einer abhängigen zu einer unabhängigen Variablen. Soziale Systeme bilden *selbst* ihre eigene Grundlage. An die Stelle eines präexistenten Wertkonsenses, eines Sozialapriori oder einer Lebenswelt treten sich selbst konstituierende soziale Ordnungen, die den Zufall und die Zeit nutzen, um das Problem der doppelten Kontingenz zu lösen. Und mit diesem Ausgangspunkt seiner Theorie selbstreferentieller Systeme grenzt sich Luhmann auch eindeutig von Habermas' Vorstellung des Bestehens sozialer Ordnungen im Modus der Intersubjektivität ab. Es geht bei sozialer Integration nach Luhmann weder um intersubjektiv geteilte Wertorientierungen noch um deren kontrafaktische Unterstellung; es geht allein um die autopoietische Reproduktion von sozialen Systemen. An die Stelle von Kontinuität tritt eine Schwelle, ein Bruch; an die Stelle von Intersubjektivität tritt Kommunikation.[4]

3.1.2 Grundannahmen der Theorie selbstreferentieller Systeme

Was sind nun die Grundannahmen der Theorie selbstreferentieller sozialer Systeme? Ich kann aus Platzgründen hier nicht den gesamten Komplex des systemtheo-

---

[4] Intersubjektivität ist für Luhmann „eine Verlegenheitsformel": „Man greift zu dieser Formel, wenn man am Subjekt festhalten und nicht festhalten will." (Luhmann 1995a, S. 169). Es ist in der Tat bezeichnend, dass Habermas in Bezug auf soziale Ordnungen nur von einer „höherstufigen Realität der Gesellschaft" (z. B. 1992, S. 30; S. 362) und *nicht* von Emergenz spricht.

retischen Vokabulars einführen, geschweige denn diskutieren. Stattdessen will ich mich auf eine für den weiteren Argumentationsgang hilfreiche kurze Skizze von zentralen Punkten beschränken: a) Geschlossenheit, b) Offenheit, c) Rationalität bei selbstreferentiellen sozialen Systemen.[5]

a) *Geschlossenheit*: Selbstreferentielle Systeme sind auf der Basis ihrer Operationen geschlossene Systeme. Es handelt sich um selbstreproduktive oder autopoietische Systeme, die grundsätzlich die Elemente, aus denen sie bestehen, selber herstellen. Um sich von seiner Umwelt unterscheiden zu können, muss ein selbstreferentielles System laufend zwischen System und Umwelt diskriminieren, und es tut dies auf der Grundlage der Selbstbestimmung der eigenen elementaren Operationen – die für sich genommen eine eigenständige Reduktion von Komplexität darstellen, die keine Entsprechung in der Umwelt hat. Wir haben oben gesehen, wie soziale Systeme sich durch eine solche einzigartige Reduktion von Komplexität von ihrer Umwelt abgrenzen. Sie tun dies durch ihren eigenen Operationstyp *Kommunikation* (eine Synthese aus Information, Mitteilung und Verstehen), der in dieser Form keine Entsprechung auf der Seite der psychischen Systeme sowie aller anderen Umweltbedingungen von sozialen Systemen hat. Damit bilden soziale Systeme eine eigenständige System/Umwelt-Differenz, die der Ausgangspunkt von allen Analysen dieser Systeme sein muss.

Derselbe Sachverhalt wird mit dem Begriff der Autopoiesis bezeichnet. Bei autopoietischen Systemen

> geht es (…) immer um die Erzeugung und Reproduktion einer *Differenz* (systemtheoretisch: von System und Umwelt), und der *Begriff* Autopoiesis besagt, daß ein Beobachter, der ihn verwendet, voraussetzt, daß diese Differenz *vom System selbst* erzeugt und mit systemeigenen Operationen reproduziert wird. (Luhmann 2000b, 55, Herv. i.O.).

Mit dem Konzept der operativen Geschlossenheit bzw. Autopoiesis wird also zum Ausdruck gebracht, dass selbstreferentielle Systeme selber bestimmen, wie sie ihre Grenzen ziehen, d. h. festlegen, was zum System gehört und was nicht bzw. was für das System einen Unterschied macht und was nicht. Für den Systemtheoretiker bedeutet das in der Konsequenz, bei der Analyse eines solchen Systems zuerst der Frage nachzugehen, wie es sich selbst von seiner Umwelt unterscheidet und in die-

---

[5] Im Hintergrund stehen dabei zwei Leitdifferenzen, mit denen sich Luhmanns Theorie selbstreferentieller Systeme von früheren Systemtheorien abgrenzt: Die Definition von Systemen als *Grenze* zwischen System und Umwelt und die Überwindung des Gegensatzes von offenen vs. geschlossenen Systemen durch die Frage: wie ist Offenheit auf der Basis von Geschlossenheit möglich? Siehe hierzu ausführlicher Luhmann 1984, S. 20 ff.

ser Umwelt orientiert. *Er muss also die systemspezifischen Operationen und Struktu-*
ren untersuchen, durch die das System sich grundlegend konstituiert.

Die Geschlossenheit selbstreferentieller Systeme muss mit gebührender Radikalität bei allen weiteren Analyseschritten berücksichtigt werden. Wenn schon die
einzelnen Operationen eines selbstreferentiellen Systems eine emergente Reduktion von Komplexität darstellen, so gilt dies natürlich erst recht für alle weiteren
Strukturen, die im System auf der Basis der Verknüpfung seiner Einzeloperatio-
nen entstehen. Weder auf der Ebene von systemeigenen Operationen noch auf der
Ebene von systemeigenen Strukturen kann es daher so etwas wie einen Input oder
Output zwischen dem System und seiner Umwelt geben.[6]

Allerdings müssen auch die Grenzen des Konzepts der selbstreferentiellen Geschlossenheit gesehen werden. So betont Luhmann immer wieder, dass Autopoiesis
weder kausale Isolierung noch Kontrolle aller Ursachen durch das System bedeutet.
Auch ein autopoietisches System bleibt abhängig von vielen Voraussetzungen, die
es nicht kontrollieren kann, und es gibt natürlich ein Materialitäts- und Energie-
kontinuum, welches die Grenzen des Systems ignoriert. Die Selbsterzeugung beschränkt sich also auf die eigenen Elemente und Strukturen des Systems. Mit einem
Satz formuliert, bedeutet Autopoiesis damit: *Kontrolle des Systems (und nur des Sys-*
tems) über die eigenen (und nur über die eigenen) Elemente und Strukturen.

b) *Offenheit:* Das Konzept der selbstreferentiellen Geschlossenheit ist deshalb
auch keine Ausflucht der Systemtheorie, um sich vor einer Auseinandersetzung mit
dem problematischen System/Umwelt-Verhältnis zu drücken. Im Gegenteil: Der
Gegenstand der Systemtheorie sind genau genommen nicht Systeme, sondern Sys-
tem/Umwelt-Differenzen. Denn ein System ist für Luhmann *die Grenze* zwischen
System und Umwelt. Es ist nicht das System ohne die Umwelt – es ist immer *die*
Differenz von System und Umwelt, die ein System selber zieht. Die Umwelt wird damit zwar aus dem System selbst, nicht aber aus der Systemtheorie überhaupt ausgeschlossen; für letztere ist sie nie „draußen", sondern immer „drinnen".[7] Auch ist mit

---

[6] Selbstreferentielle Systeme „können nicht durch ihre Umwelt determiniert werden, sondern müssen ihre eigenen Zustände durch ihre eigenen Strukturen festlegen, die sie durch
ihre eigenen Operationen erzeugt haben und ständig erneuern oder durch andere ersetzen."
(Luhmann 1995b, S. 60).

[7] Dieses Vorurteil muss gegen eine immer wieder vorgebrachte Polemik gleich von Beginn an
ausgeräumt werden. Habermas z. B. hält bis heute an einem amputierten Systembegriff fest
– und verwendet diesen dann als Argument gegen Luhmann! Siehe z. B. Habermas' Erläuterungen zum Phänomen Öffentlichkeit: „Ebensowenig stellt sie ein System dar; sie erlaubt
zwar interne Grenzziehungen, ist aber nach außen hin durch offene, durchlässige und ver-
schiebbare Horizonte gekennzeichnet." (Habermas 1992, S. 436) Aus der Sicht von Luhmann
ist solcherlei Intransigenz hingegen „wohl nur durch mangelnde Kenntnis der einschlägigen
Texte zu erklären." (Luhmann 2000a, S. 105, FN 32).

der Unterscheidung System/Umwelt keine Prioritätensetzung verbunden, nach der das System wichtiger als die Umwelt sei. Es geht lediglich darum, die angestrebte Analyse an einem bestimmten Referenzpunkt (also an einer bestimmten System/Umwelt-Differenz) zu orientieren.

Entsprechend sind für die neuere Systemtheorie Offenheit und Geschlossenheit auch kein Gegensatz, sondern ergänzen sich gegenseitig. Gerade weil sie sich aus ihrer Umwelt ausdifferenzieren, stellt sich für selbstreferentielle Systeme das Problem der Berücksichtigung dieser ausgeschlossenen Umwelt *im* System. Dies bedarf freilich der Erläuterung. Wie kommt in geschlossenen Systemen die Umwelt zur Geltung? Luhmann gibt hier im Prinzip zwei Antworten: Umweltoffenheit wird ermöglicht durch strukturelle Kopplung und durch Reflexion.

Strukturelle Kopplung: Diesen ersten Teil der Antwort auf das Problem der Umweltoffenheit geschlossener Systeme verdankt Luhmann (wie auch den Autopoiesis-Begriff) dem Biologen Maturana. Maturana war vor die Frage gestellt, wie bei der Bedingung autopoietischer Geschlossenheit von Systemen man trotzdem nicht auf das Konzept der Umweltanpassung verzichten müsse („conservation of adaptation"; s. hierzu ausführlicher Luhmann 1995, S. 40 ff. und S. 31 ff.). Sein Gedanke dabei war, dass autopoietische Systeme, sofern sie überhaupt operieren, ja schon ein Minimum an Umweltanpassung aufweisen müssen. Genau diese Funktion der Garantie einer minimalen Angepasstheit trotz Geschlossenheit haben die strukturellen Kopplungen, die das System unterhält und die den Strukturbereich seiner autopoietischen Reproduktion einschränken, ohne dabei direkt in die Autopoiesis einzugreifen.[8] So sind z. B. soziale Systeme mit psychischen Systemen über Sprache strukturell gekoppelt, und trotz strikter operativer Trennung wird damit eine wechselseitige Beeinflussung beider Systemtypen ermöglicht, die langfristig zu einem „structural drift" führt, d. h. zu einer abgestimmten Strukturentwicklung in beiden Systemen.

Allerdings hält sich die Umweltanpassung geschlossener Systeme durch strukturelle Kopplung eindeutig in Grenzen: Strukturelle Kopplungen sind erstens immer hochselektiv eingerichtet, sie schließen viel mehr aus als ein. Kommunikation ist z. B. nur durch Bewusstsein irritierbar, während chemische, physikalische oder biologische Prozesse Kommunikation zwar verhindern, nicht aber direkt beeinflussen können. Zweitens sorgen strukturelle Kopplungen nur für eine Ko-Evolution

---

[8] Einschränkung des Strukturbereichs heißt deshalb auch nicht: Input von Strukturen aus der Umwelt ins System. Das System muss weiterhin alle internen Strukturen und Operationen selber herstellen. Die Umwelt kann über strukturelle Kopplungen lediglich den Rahmen des Produzierbaren einschränken. Sie grenzt Unmögliches aus, aber sie legt damit noch nicht Systemzustände fest.

von System und Umwelt, sie führen nicht zu einem „optimal fit", sie garantieren nur einen „minimal fit".

Reflexion: Die zweite Antwort auf das Problem der Berücksichtigung der ausgeschlossenen Umwelt im System heißt Reflexion. Dabei geht es um eine anspruchsvolle Form der Selbstreferenz, durch die ein System auf die eigene System/Umwelt-Differenz reflektieren kann, sofern es dafür hinreichend komplex ist.[9] Das System macht sich dann die Differenz, die es operativ begründet, bewusst – und ohne sie jemals transzendieren zu können, kann es jetzt immerhin versuchen, sie innerhalb der eigenen Operationen zu durchkreuzen. Formal wird dieses Phänomen von Luhmann unter Rückgriff auf die Terminologie von George Spencer Brown als *re-entry* bezeichnet. Es handelt sich um den Wiedereintritt einer Unterscheidung in eine Seite des durch sie Unterschiedenen. In unserem Fall wird die Unterscheidung System/Umwelt in eine Seite dieser Unterscheidung (System) wiedereingeführt, sie tritt im System abermals als System/Umwelt-Unterscheidung auf.[10] Auf diese Weise wird die operativ vollzogene Differenz als Beobachtung im System selbst nachvollzogen. Das System operiert nicht nur, sondern es reflektiert dies nun auch unter dem Aspekt eines problematischen System/Umwelt-Verhältnisses – und kann dann diese Reflexionsleistung dazu benutzen, zu lernen. Es kann zum Beispiel beschließen, dass die eigene Ausdifferenzierung (Geschlossenheit auf operativer Ebene) durch Offenheit (der Strukturen) ausgeglichen werden soll. Über die Angemessenheit von Strukturen wird dann im Blick auf die Umwelt zu entscheiden sein. Aber auch dabei kann das System die eigenen Grenzen natürlich nicht überschreiten. Eigene Strukturen bleiben eigene Strukturen, und die Umwelt *im* System ist nie mit der Umwelt *des* Systems identisch. Auch Reflexion garantiert daher keine unproblematische Umweltanpassung.

c) *Systemrationalität*: Mit den beiden vorangehenden Punkten Geschlossenheit und Offenheit wird die auf den ersten Blick plausible Alternative: entweder offen oder geschlossen also als falsch entlarvt. Selbstreferentielle Systeme sind immer beides zugleich. Es geht hier nicht um einen Gegensatz, sondern um ein *Steigerungsverhältnis*. Verschiedene von Luhmann verwendete Begriffspaare drücken dieses Steigerungsverhältnis aus: Varietät und Redundanz, Steigerung und Reduktion von Komplexität, Fremdreferenz und Selbstreferenz. Immer geht es dabei um ein Mehr auf beiden Seiten, nie jedoch um Alternativen.

---

[9] Ich muss mich hier auf die Formulierung der Kernidee beschränken, für eine ausführlichere Darstellung siehe Luhmann 1984, S. 617 ff.

[10] Damit entsteht ein Paradox: Handelt es sich hier noch um dieselbe oder aber um eine andere Unterscheidung? Vom System aus betrachtet ist es dieselbe: das System muss an die Identität *seiner* Umwelt mit der Umwelt *an sich* glauben. Von außen betrachtet aber ist es eine andere Unterscheidung: Die Umwelt im System ist nicht mehr die Umwelt an sich, sondern eine Konstruktion.

Bezogen auf dieses Steigerungsverhältnis hat Luhmann schließlich ein Konzept von Systemrationalität entworfen, welches hier abschließend noch kurz vorgestellt werden soll. Demnach besteht Systemrationalität in der Handhabung der Unterscheidung von Selbreferenz und Fremdreferenz durch ein selbstreferentielles System (s. hierzu ausführlicher Luhmann 2000b, S. 459–466; 1984, S. 640 f.). Es geht darum, auf der Basis von Geschlossenheit möglichst offen in Bezug auf die Umwelt zu operieren. Wie bereits gesagt wurde, kann es dabei nicht um eine Alternative gehen, und das Problem der gleichzeitigen Offenheit/Geschlossenheit selbstreferentieller Systeme kann dementsprechend auch nicht derart gelöst werden, dass sich das System für eine Seite entscheidet. Ein komplexes System in einer komplexen Umwelt (und dies ist das politische System, mit dem wir uns im folgenden Abschnitt auseinandersetzen werden, in jedem Fall) muss sowohl Redundanz als auch Varietät erlauben, es muss für sich eine tragfähige Kombination aus Reduktion und Steigerung von Komplexität realisieren. Mit diesem Konzept von Systemrationalität – und das ist gerade im Vergleich mit Habermas interessant – wird nun einerseits der Hoffnung auf eine die verschiedenen Systeme übergreifende Rationalität eine Absage erteilt. Verschiedene Systeme haben verschiedene Rationalitäten. Andererseits wird damit nochmals die Analyse auf das Verhältnis von System und Umwelt gelenkt – es geht also nicht um systemischen Autismus, sondern um ein stets problematisches Bezugsverhältnis des Systems zu seiner Umwelt.

3.2 Das Funktionssystem der Politik

Nachdem ich im vorausgehenden Abschnitt die Grundannahmen der Theorie selbstreferentieller Systeme vorgestellt habe, gilt es jetzt, sie auf das System der Politik anzuwenden. Damit kann einmal das oben zunächst abstrakt Formulierte an einem Beispiel spezifiziert und durch diese Anwendung verdeutlicht werden. Hauptsächlich dient der folgende Teil jedoch der Vorstellung des systemtheoretischen Gegenentwurfs zu Habermas' Theorie der deliberativen Politik. Was heißt es, Politik als ein soziales System im Luhmannschen Sinne zu begreifen? Ich orientiere mich bei der Antwort auf diese Frage an dem schon eingeführten Grundmuster eines Steigerungsverhältnisses von Offenheit und Geschlossenheit.

3.2.1 Geschlossenheit: Funktion, Machtmedium, Code

Zunächst muss die Politik als ein soziales System sich von ihrer Umwelt unterscheiden können. Sie muss also dafür Sorge tragen, dass politische Kommunikationen nur an politische Kommunikationen anschließen und dadurch eine Grenze zur

Umwelt aufrechterhalten, produziert und reproduziert wird.[11] Würde das System hier versagen, könnte es nicht die eigene Geschlossenheit garantieren und würde sich in seiner Umwelt verlieren. Es gäbe dann keine Ausdifferenzierung und es hätte keinen Sinn mehr, noch von einer eigenständigen Einheit (von einer eigenständigen System/Umwelt-Differenz) zu sprechen. Wie also schließt sich die Politik als System? Wie zieht sie die Grenze zu ihrer Umwelt? Luhmann gibt hier drei Antworten, die ich im folgenden diskutieren will: a) Die Politik erfüllt als System eine ganz bestimmte *Funktion*; b) zu dieser Funktion gehört ein entsprechend spezielles *Kommunikationsmedium*; c) schließlich orientiert sich politische Kommunikation an einem besonderen *binären Code*.

a) Zunächst ist die Politik für Luhmann ein spezielles Funktionssystem in einer funktional differenzierten Gesellschaft. Dies bedeutet, dass das System der Politik sich gegenüber seiner Umwelt dadurch abgrenzt, indem es eine ganz bestimmte *Funktion* in der und für die Gesellschaft wahrnimmt. Für diese Funktion ist also nur die Politik als System in der Gesellschaft zuständig, so dass sie als eine Art Fokus im Prozess der (Re)Produktion dieses Systems dienen kann. Dies bedeutet für die Politik den Verzicht auf die Erfüllung anderer Funktionen, für die Gesellschaft (also für die anderen Funktions-, Interaktions- und Organisationssysteme) hingegen den Respekt des Monopols der Politik in Bezug auf ihre spezifische Funktion.

Die spezifische Funktion des politischen Systems liegt nun für Luhmann ganz klassisch im *„Bereithalten der Kapazität zu kollektiv bindendem Entscheiden"* (2000a, S. 84; Herv. i.O.). Damit unterscheidet er sich auf den ersten Blick nicht sehr stark von anderen in der Politikwissenschaft kursierenden Definitionen von Politik. Zwei Differenzen ergeben sich dennoch durch Luhmanns besonderen systemtheoretischen Ansatz: Erstens lehnt Luhmann eine gesellschaftlich herausgehobene Position der Politik trotz ihrer Funktion des Bereithaltens der Kapazität zu kollektiv bindendem Entscheiden ab. Die Politik ist nur ein Funktionssystem unter anderen und sie kann mit ihren Entscheidungen zwar die Freiheitsgrade der anderen Funktionssysteme beschränken, aber sie kann niemals deren Zustände effektiv bestimmen.[12] Die Politik kann durch politische Entscheidungen Daten setzen, aber nicht fremde Systeme determinieren und in diesem Sinne auch nicht steuern. Zweitens besteht Politik für Luhmann nicht aus politischen Menschen, Rollen oder

---

[11] Es gilt also, „Politik für Politik als Politik kenntlich zu machen" (Luhmann 2000a, S. 74 f.).

[12] Gleiches gilt übrigens auch für alle anderen Funktionssysteme: Die Wirtschaft z. B. setzt der Politik klare Rahmenbedingungen, aber sie kann niemals determinieren, wie dann in der Politik auf der Grundlage dieser wirtschaftlichen Realitäten entschieden werden wird. Oder am Beispiel der Wissenschaft: Wenn es wahr ist, dass die ökologischen Grundlagen der Gesellschaft gefährdet sind, wird die Politik dies wohl zur Kenntnis nehmen – aber damit sind politische Entscheidungen bezogen auf diese Tatsache noch nicht determiniert.

Institutionen, sondern aus politischen Kommunikationen. Entscheidend ist allein, dass politisch kommuniziert wird, also dass politische Kommunikationen an politische Kommunikationen anschließen und damit ein sich aus seiner Umwelt ausdifferenzierendes System bilden – indem sie mit dem Anspruch auftreten, für das System und seine Umwelt (also für die Gesellschaft) verbindlich Entscheidungen treffen zu können. Wiederum ist allein das Existieren solcherlei Kommunikationen relevant, nicht aber deren nachgelagerte Effekte in der Umwelt des Systems. Auch scheiternde Politik bleibt Politik – und gerade damit wird im politischen System strategisch kalkuliert.[13] Die erste Antwort auf die Frage nach den Mitteln der rekursiven Schließung des Systems der Politik lautet damit: Alle Operationen (= Kommunikationen) des politischen Systems nehmen direkt oder indirekt Bezug auf die angeführte spezifische gesellschaftliche Funktion der Politik und grenzen sich dadurch gegenüber ihrer Umwelt ab.

b) Mit der spezifischen Funktion des politischen Systems verbunden ist ein entsprechend spezifisches Kommunikationsmedium dieses Systems, auf das es sich stützt, um seine Funktion zu erfüllen. Im Falle des politischen Systems ist dies das *Kommunikationsmedium Macht*.[14] Politische Kommunikationen bedienen sich dieses Mediums, um sich von ihrer Umwelt abzugrenzen. Auch diese Verknüpfung von Politik und Macht ist nicht Luhmanns Erfindung, sondern kann sich auf eine lan-

---

[13] „Man kann sich jede Übertreibung leisten, weil es so dann doch nicht kommen wird." (Luhmann 2000a, S. 294).

[14] Ich muss an dieser Stelle eine ausführlichere Diskussion über die Bedeutung der symbolisch generalisierten Kommunikationsmedien in Luhmanns Systemtheorie im Allgemeinen aussparen. Nur soviel: Diese Medien (Macht/Recht, Wahrheit, Liebe, Eigentum/Geld, Kunst) dienen dazu, die eigentlich unwahrscheinliche Annahme einer Kommunikation (als Selektion) zu ermöglichen und zu normalisieren. Mit der zunehmenden Komplexität einer Gesellschaft (verursacht vor allem durch Schrift und Buchdruck) werden mehr Möglichkeiten der Kommunikation freigesetzt. Dies bedeutet, dass nun *alle* Kommunikationen in ihrem selektiven und unwahrscheinlichen Charakter stärker hervortreten. Das Annehmen einer ganz bestimmten Kommunikation (nicht ihr Verstehen – welches sowohl Annehmen als auch Ablehnen einschließt) wird damit immer unwahrscheinlicher: Für ein Ja muss sich Alter auf *eine* bestimmte Selektion einlassen, ein Nein hingegen steht für *alle anderen* Möglichkeiten und kann deshalb auch durch Verschiedenartiges motiviert sein. Als Lösung des Problems tauchen an dieser Stelle symbolisch generalisierte Kommunikationsmedien auf: „Symbolisch generalisierte Medien transformieren auf wunderbare Weise Nein-Wahrscheinlichkeiten in Ja-Wahrscheinlichkeiten" (Luhmann 1997, S. 320) – und zwar durch eine Kopplung von Selektion und Konditionierung des Mediumgebrauchs. Die Annahme einer Selektion wird dann insofern wieder wahrscheinlich, als diese Selektion sich an ganz bestimmte Regeln hält: Wer seine wissenschaftlichen Ergebnisse unter Beachtung von anerkannten Theorien und Methoden erlangt hat, dem wird geglaubt; wer bezahlt, erhält die begehrte Ware; wer notfalls zwingen kann, findet für seine Anweisungen Gehorsam.

ge Tradition berufen. Das Besondere liegt wiederum in der genaueren Umsetzung dieser Idee bei Luhmann. Dies lässt sich an zwei Aspekten aufzeigen. 1) Einmal betont Luhmann den Voraussetzungsreichtum (die Unwahrscheinlichkeit) einer Monopolisierung des Kommunikationsmediums Macht durch die Politik. Um sich durch den Bezug auf das spezifische Medium Macht aus ihrer Umwelt ausdifferenzieren zu können, muss sie Macht ja erst einmal als Medium konzentrieren und monopolisieren, sie muss politische Kommunikation zu *ihrem* Medium machen. Ein spezifisch *politischer* Machtgebrauch muss also entstehen, so „daß politischer Machtgebrauch von anderen Formen sozialer Pression und stillschweigender Rücksichtnahme unterschieden werden kann." (Luhmann 2000a, S. 73). Die Bildung eines systemeigenen Mediums politischer Macht, welches gedeckt ist durch die Kontrolle physischer Zwangsgewalt, ist aber nicht selbstverständlich. Historisch erfolgte dies in Europa einerseits durch eine Entwaffnung der Adelshaushalte und eine Aufhebung deren Widerstandsrechts – unter dem noch lebendigen (oder zu diesem Zweck wieder in Erinnerung gerufenen) Eindruck der Bürgerkriege. Mit der Berufung auf positive Formeln wie Frieden und Rechtssicherheit fand eine Enteignung der ehemals dezentral über das ganze Territorium verteilten Potentaten durch die Zentralgewalt statt; es kam zu einer Monopolisierung der vordem diffus verstreuten politischen Macht. Fast noch wichtiger als dieser faktische Konzentrationsvorgang war jedoch seine Ergänzung durch ein zentrales semantisches Manöver: Die Gleichsetzung von staatlicher Macht/Gewalt mit legitimer Macht/Gewalt, die sich fortan von allen anderen evtl. auch noch vorkommenden Formen der Macht/Gewalt unterscheidet, indem sie diese als illegitim kritisiert (vgl. Luhmann 2000a, S. 122; S. 358). Macht und Gewalt werden somit (zumindest offiziell) aus allen anderen gesellschaftlichen Bereichen *ausgeschlossen*, indem sie in einen einzigen, eng umschriebenen Bereich *eingeschlossen* werden: den Wirkungsbereich des politischen Souveräns. Wenn sie heute dennoch in anderen Kontexten auftreten, so werden sie als zu beseitigende Störfaktoren wahrgenommen: Im Bereich der Wirtschaft, der Wissenschaft, der Erziehung oder in Familien müssen sie als illegitime Abhängigkeiten stigmatisiert und bekämpft werden. 2) Ein zweiter wichtiger Aspekt bei Luhmanns Analysen des Machtmediums der Politik, der gerade im Vergleich mit Habermas interessant ist, ist die Betonung der Zentralität von Macht als konstitutives Element der Politik. Bei Habermas steht Macht im Dienst des Konsenses bzw. der auf Verständigungsprozessen basierenden Integration, sie bleibt diesen gegenüber ein nachgelagertes Phänomen. Nicht so bei Luhmann: Hier kommt die Macht an erster Stelle.

> Macht ist (…) nicht etwas, was in der Politik auch vorkommt, sie ist die Quintessenz von Politik schlechthin. (Luhmann 2000a, S. 75).

> Es geht gerade nicht um eine mehr oder weniger akademische Diskussion von Gel-
> tungsansprüchen, sondern um Machtpolitik im strengen Sinne, auch wenn dies in
> noch so verhaltenen Andeutungen geschieht (etwa um ein zögerndes Andiskutieren
> etwaiger Kandidaturen für politische Ämter). (Luhmann 2000a, S. 53).

Ohne Macht keine Politik, ohne Macht kein Konsens: Luhmann will damit deutlich machen, dass erst mit der Möglichkeit über Macht zu disponieren der notwendige Bezugspunkt entsteht für *daran anschließende* Fragestellungen wie z. B. die des Einverständnisses, der Legitimität, der Zweck- und der Verhältnismäßigkeit der Mittel. Die Frage nach Konsens und Dissens sowie Überlegungen bezogen auf die Kontrolle und rechtliche Begrenzung des Machtgebrauchs – all dies ist abhängig von der Möglichkeit, zunächst einmal überhaupt mit Machteinsatz drohen zu können als conditio sine qua non der Politik. Das Monopol des legitimen Rückgriffs auf Macht und Gewalt muss also für die Politik stets gesichert sein. Erst dann können sich Anschlussunterscheidungen an diesen Ursprung ankristallisieren – und ihn sogar so weitgehend verdecken, dass er in Vergessenheit gerät. Heute denken wir bei Politik tatsächlich nicht mehr primär an Zwangsgewalt, sondern an Gewaltenteilung, Grundrechte, Parteienkonkurrenz und politische Persönlichkeiten. Der gewaltsame Ursprung der Politik ist ihr in den modernen Verfassungsdemokratien gleichsam peinlich geworden; Macht und Gewalt sind jetzt sogar im politischen System selbst verpönt und haben einen schlechten Ruf. Dass etwa die Polizei „dein Freund und Helfer" sei, muss heute schon extra betont werden. Dabei handelte es sich beim Gewaltmonopol der Politik doch um eine evolutionäre Errungenschaft! Für Luhmann darf deshalb die Tatsache, dass Macht in den entwickelten politischen Systemen heute immer subtiler hervortritt, nicht darüber hinwegtäuschen, dass es ohne sie gar keine Politik gäbe. Politische Macht kann zwar so selbstverständlich werden, dass sie vor anderen Aspekten (Legitimität, Konsens) in den Hintergrund gerät. Aber sollte sie einmal nicht mehr gegeben sein, dann würden auch alle diese anderen die Macht voraussetzenden Aspekte verschwinden.

c) *Code*: Schließlich erkennen sich politische Kommunikationen durch Bezugnahme auf einen spezifischen Code. Codes sind binäre Schematismen, die an die Konditionierung von Kommunikation durch symbolisch generalisierte Kommunikationsmedien anknüpfen (s. dazu oben Fußnote 14) und sie gewissermaßen nochmals überformen. In unserem Fall werden die politischen Kommunikationen im Medium Macht binär codiert, indem sie an der Leitdifferenz Macht/Ohnmacht ausgerichtet werden. Dies geschieht zunächst mit Bezug auf Ämter bzw. Stellen, d. h. der Code teilt sich in die beiden Seiten Amtsmacht haben/Amtsmacht unterworfen sein. Im Zuge der Entwicklung der Demokratie bildet sich dann aber noch eine Zweitcodierung heraus (Luhmann spricht auch von einer Recodierung), die wiederum diesen ersten Code überformt, indem sie eine neue politische Leitdifferenz vorgibt: diesmal die von Regierung/Opposition (zum Thema politische Codierung ausführlicher Luhmann 2000a, S. 88–94; S. 96–100).

In beiden Fällen grenzen sich politische Kommunikationen durch die Orientierung an ihrem eigenen Code von anderen gesellschaftlichen Bereichen (mit anderen Codierungen) ab. Es geht in der Politik nicht um die Unterscheidung schön/hässlich, wahr/unwahr, zahlen/nichtzahlen – sondern es geht um die Unterscheidung Macht/Ohnmacht. Alle anderen Unterscheidungen, sofern sie politisch relevant werden wollen, müssen sich dann unter dem Machtaspekt verwerten lassen, sonst sind sie zu politischer Bedeutungslosigkeit verdammt. Was Codes damit leisten, ist gewissermaßen die höchstentwickelte Form einer Orientierungshilfe für systeminterne Kommunikationen. Luhmann (1997, S. 367) spricht auch von einer *Technisierung* des Übergangs vom positiven zum negativen Wert; d. h. dass der Übergang von einer Seite des Codes zur anderen dadurch erleichtert wird, dass dritte Möglichkeiten ausgeschlossen werden. Man kann von der Seite Regierung nur zur Seite Opposition übergehen, nicht aber zu einem ganz anderen Code überwechseln (z. B. dem Wissenschaftscode wahr/unwahr). Codes leisten damit eine für die Schließung des Funktionssystems unabdingbare Einschränkung des Bereichs des überhaupt Möglichen.

3.2.2 Offenheit: Programmierung durch Wahlen und öffentliche Meinung

Indem sich die Operationen des politischen Systems an einer bestimmten Funktion, einem Medium und einem Code orientieren, schließt sich dieses System gegenüber seiner Umwelt. Es wurde oben aber schon erwähnt, dass Geschlossenheit kein Selbstzweck von Systemen ist. Es geht nicht darum, sich im Innenraum des Systems einzuschließen und in reiner, gleichsam autistischer Selbstreferenz zu ergehen. Es genügt nicht, wenn die Politik unermüdlich für sich repetiert: Macht ist Macht ist meine Macht ist Macht… Ebenso wenig kann die Regierung sich damit begnügen zu sagen: Ich bin nun also die Regierung; mit anderen Worten: sie regiert nicht schon allein auf Grund der Tatsache, dass sie zur Regierung bestimmt wurde (und sich dann zurücklehnen kann bis zur nächsten Regierungsbestimmung). Aus Machtbesitz folgt nicht zwangsläufig auch Machterhalt. Amtsmacht, Regierungsmacht und die Fähigkeit zu kollektiv bindendem Entscheiden sind vielmehr zunächst einmal nur *Leerformeln*, die der Ergänzung durch Kriterien bedürfen, die angeben, *wozu* die Amtsmacht eingesetzt und *was* inhaltlich entschieden werden soll.

Mit einer anderen Terminologie kann man auch sagen: mit seiner Schließung realisiert das System zunächst nur eine selbsterzeugte Unbestimmtheit, die es dann im Anschluss in Form bringen, d. h. konditionieren muss – und zwar über die Bestimmung seiner Kommunikationen durch Code, Funktion und Medium hinaus. Diese basalen, elementaren Konditionierungen legen nur einen Kontingenzbereich fest, welchen sie zwar einerseits eingrenzen, womit sie aber andererseits gleichzeitig eine strukturelle Unbestimmtheit im System erzeugen. Sie eröffnen einen Bereich aus internen Möglichkeitsüberschüssen, der konditioniert werden muss. Und hier kommen Programme als notwendige Ergänzung zu Codes ins Spiel. Programme konditionieren die Strukturen des Systems. Sie tun dies wie gesagt auf der Basis von Codes, indem sie als Kriterien dienen, die festlegen, ob und wie die Werte der Codes richtig zugeordnet werden. Sie kompensieren dabei die Starrheit des Systems auf der Ebene des Codes, denn Programme sind variabel und austauschbar. Und deshalb sind sie auch für geschlossene Systeme das bevorzugte Mittel, um in einer turbulenten Umwelt anpassungsfähig zu bleiben.[15] Für mich gibt es vor diesem Hintergrund zwei Kandidaten für die Funktion der Programmierung des politischen Systems: a) Wahlen und b) öffentliche Meinung.[16]

a) Die Form von Programmierung des politischen Systems, an die in der Regel zuerst gedacht wird, ist die Programmierung in Form von *Wahlen* und *Abstimmungen*. Hier handelt es sich darum, für einen kurzen Moment die Rollenkomplementarität des politischen Systems, welche aus dem Doppel Regierende – Regierte besteht, in ihrer gewöhnlichen Aufgabenverteilung umzukehren. Jetzt sind es die Regierten, die entscheiden, wie sie regiert werden sollen. In dieser Form eines generalisierten Richtungsentscheids sind Wahlen geradezu ein Paradigma für die Kombination aus Öffnung und Schließung: Für den Zeitpunkt der Wahl ist das System offen für die Einflussnahme aus seiner Umwelt; zwischen den Wahlabschnitten jedoch wird an der aktuellen politischen Konstellation festgehalten – auch wenn das Volk von der Regierung enttäuscht ist. Abweichungen von diesem Gleichgewicht aus Offenheit und Geschlossenheit werden hingegen als Störung empfunden. Ausdruck findet dies z. B. in den Klagen darüber, dass der Wahlkampf im politi-

---

[15] Auf der Basis der beiden grundlegenden Umweltbezüge der strukturellen Kopplung und der Reflexion, die ich oben bereits vorgestellt habe.

[16] Luhmann stellt beide nicht explizit unter dem Stichwort der Programmierung vor, seine Ausführungen zu Wahlen (2000a, S. 102 ff.) und zur öffentlichen Meinung (ibid., S. 274 ff.) legen eine entsprechende Einordnung aber nahe. Im Gegensatz zu Luhmanns Ausführungen zur Geschlossenheit des politischen Systems sind seine Aussagen zum Thema Offenheit eher unsystematisch über den ganzen Text verstreut. Sowohl hier als auch bei meiner im nächsten Punkt erfolgenden Rekonstruktion von Luhmanns Demokratieverständnis systematisiere ich daher weit mehr als Luhmann selber und löse mich damit auch weiter von der Vorlage. Luhmanns Theorie der Politik gewinnt dadurch an Profil, und der Zugang zu ihr (einschließlich der Möglichkeit einer Kritik) wird so erleichtert.

schen System viel zu viel Raum einnehme. Dahinter steckt die Befürchtung, die Öffnung würde zu sehr auf Kosten der Schließung ausgedehnt.[17]

b) Wahlen sind jedoch nicht die einzige Form der Programmierung der Politik. Sie können nicht ohne eine weitere Form der Programmierung gedacht werden, auf die ich hier kurz und später ausführlicher eingehen will: die öffentliche Meinung. Wahlen und Abstimmungen können nicht im luftleeren Raum stattfinden. Sie funktionieren nur, wenn sie eingebettet sind in das Kontinuum einer permanenten (also gerade nicht nur punktuellen) Meinungs- und Willensbildung in Form einer *politischen Öffentlichkeit*. Diese politische Öffentlichkeit muss also im politischen System stets präsent sein, um einmal den periodischen Wahlmechanismus überhaupt als sinnvolle Einrichtung funktionieren zu lassen. Zum zweiten geht es aber hier auch darum, eine Offenheit durch Programmierung des politischen Systems auch zwischen den Wahlabschnitten sicherzustellen. Dabei werden die Zügel im Vergleich zum Wahlmechanismus allerdings deutlich gelockert. Die politischen Entscheider können grundsätzlich zwei Einstellungen gegenüber der Öffentlichkeit und deren Eingaben wählen: Einmal die des volksnahen Demokraten, der stets ein Ohr für die Anliegen der Bürger hat – auch dann, wenn sie ihm spontan als unsinnig erscheinen, oder die alternative Einstellung des wohlwollenden Vormunds, der nicht blind jeder Eingabe seitens der Bürger folgt – und zwar nur zu ihrem Besten! Eine zu starke Offenheit durch Öffentlichkeit muss also vermieden werden durch die Möglichkeit einer distanzierten Einstellung der politischen Akteure gegenüber dieser Öffentlichkeit. Mit Wahlen und mit Öffentlichkeit kennt das politische System damit eine zeitlich eng begrenzte echte Offenheit und eine zeitlich unbegrenzte vermittelte Offenheit – und dies nicht zufällig, sondern systemtheoretisch wohl begründet.[18]

3.2.3 Demokratie

Ich kann jetzt zu Luhmanns systemtheoretischer Lesart der Demokratie übergehen. Allgemein und am Beispiel des politischen Systems wurde zunächst aufge-

---

[17] Im föderalen System der Bundesrepublik wird das noch dadurch verschärft, dass Bundes- und Landespolitik nicht getrennt, sondern vermengt werden, und dies sowohl durch die Politiker als auch durch die Wähler.

[18] Vor diesem Hintergrund lassen sich auch Gewichtsverschiebungen in den politischen Programmierformen bei autoritären Regimen erklären: Je weniger der Wahlmechanismus eine tatsächliche Offenheit darstellt, desto mehr fürchtet sich hier die Regierung vor nur minimalen kritischen Äußerungen in der Öffentlichkeit. In einer Demokratie hingegen ist Regierungskritik in der Öffentlichkeit an der Tagesordnung, hat aber nur selten Folgen und muss deshalb nicht immer ernst genommen werden.

zeigt, dass die Theorie selbstreferentieller Systeme Offenheit und Geschlossenheit nicht als einen Gegensatz sieht, sondern hier ein Steigerungsverhältnis erkennt. Für das politische System bedeutet dies, dass sich seine Kommunikationen sowohl an einer bestimmten Codierung als auch an einer komplementären Programmierung orientieren – und damit Umweltoffenheit bei gleichzeitig garantierter Geschlossenheit erreichen können. Das Steigerungsverhältnis von Offenheit und Geschlossenheit beim selbstreferentiellen Funktionssystem der Politik ist nun auch der Schlüssel zu Luhmanns Demokratieverständnis.

Für Luhmann ist Demokratie „nichts anderes als die Vollendung der Ausdifferenzierung eines politischen Systems" (Luhmann 2000a, S. 105). Sie ist der Endpunkt in einer Entwicklung, im Verlaufe derer sich das politische System in einer funktional differenzierten Gesellschaft als ein eigenständiges Funktionssystem neben anderen eigenständigen Funktionssystemen etabliert. Das bedeutet zweierlei: 1) *Erstens* ermöglicht die Demokratie eine maximale Offenheit des politischen Systems bei gleichzeitig immer vorausgesetzter Geschlossenheit. Sie realisiert also ein besonders weit getriebenes Steigerungsverhältnis von Offenheit und Geschlossenheit, Varietät und Redundanz, Fremdreferenz und Selbstreferenz.

Dies sei etwas ausführlicher erläutert. Demokratie bedeutet nach Luhmann für ein politisches System im Kern *das Offenhalten der Möglichkeit für anderes Entscheiden in einer unbekannten Zukunft* (vgl. Luhmann 2000a, S. 104 f. und S. 301). Die Demokratie betreibt insofern im Vergleich zu früheren Staatsformen am konsequentesten die *Erzeugung interner Ungewissheit* (das Offenhalten von zukünftigen politischen Entscheidungen). Und sie kann sich so relativ flexibel an veränderte Umweltbedingungen des politischen Systems anpassen. Die Geschlossenheit des Codes Macht/Ohnmacht bzw. Regierung/Opposition, die noch nicht weiter *inhaltlich* bestimmte Funktion der Politik, die erst noch für bestimmte Ziele einzusetzende Ämterstruktur – all dies wird also in Demokratien besser als in früheren Staatsformen ergänzt durch eine Offenheit gegenüber Irritationen aus der Umwelt. Dies geschieht zunächst über die beiden schon erwähnten Programmierformen der Wahlen und der öffentlichen Meinung. Es geschieht aber auch noch über verschiedene andere Mechanismen: Demokratie bedeutet die Inklusion *aller* Bürger ins politische Funktionssystem, unabhängig von ihrem ökonomischen Status und unabhängig von ihrem gesellschaftlichen Stand.[19] Ferner sorgen die gleichzeitige Präsenz von Regierung und Opposition auf der politischen Bühne sowie das Links/Rechts-Schema dafür, dass es einerseits zu einem immer umfassenderen Themen-

---

[19] Das heißt natürlich nicht, dass es nicht weiterhin schichtspezifische Unterschiede in der politischen Beteiligung gibt; aber diese werden jetzt gerade als Abweichungen gegenüber dem Normalfall der Vollinklusion kritisiert.

spektrum kommt, über das politisch gestritten werden kann, und dass andererseits zugleich *jede* politische Entscheidung immer als auch anders möglich präsentiert wird. In Demokratien wird damit die Kontingenz allen politischen Entscheidens am deutlichsten sichtbar.[20] Dies ist denn auch der Grund dafür, dass gerade im besten aller Regime immer am meisten kritisiert wird.

2) *Zweitens* bedeutet die Luhmannsche Lesart der Demokratie als Endpunkt einer funktionalen Differenzierung der Politik aber auch den Verzicht auf deren Zentralstellung innerhalb der Gesellschaft. Der Verlust dieser Zentralstellung spiegelt sich jetzt im politischen System wieder. Er zeigt sich daran, dass es in einer Demokratie keine per se richtigen Entscheidungen mehr gibt. Alles wird vielmehr kritisierbar. Auch geht es bei Demokratie weder um Vernunft oder Konsens, noch garantiert die Demokratie so etwas wie gesamtgesellschaftlich rationale Entscheidungen. Überhaupt ist Demokratie nicht die *beste* Form, die ein politisches System annehmen kann; sie ist schlicht das Resultat eines Prozesses der funktionalen Ausdifferenzierung – und zwar einerseits des politischen Systems, andererseits der Gesellschaft. Erreicht wird damit lediglich eine Steigerung der Komplexität im System und in der Umwelt; und Demokratie mag als eine Form betrachtet werden, welche es dem politischen System gestattet, unter solchen Bedingungen eine Art dynamisches Gleichgewicht aufrechtzuerhalten. Dass sich das politische System dennoch in Eigenwelten einspinnt und Realitätskonstruktionen produziert, die mit ihrer gesellschaftlichen Umwelt manchmal nur noch sehr wenig zu tun haben, ist damit keineswegs ausgeschlossen. Auch geht in Demokratien die Ausweitung des politischen Themenspektrums einher mit einer zunehmenden Einschränkung des politischen Aktionsradius: Einerseits darf zwar über alles geredet und entschieden werden, andererseits hat aber die Politik nicht mehr die Kontrolle über die gesellschaftlichen Effekte ihrer Maßnahmen, sobald diese die Grenze zu anderen Funktionssystemen überschreiten. Und mehr als alle anderen Staatsformen respektieren Demokratien die Reservate anderer Funktionssysteme wie Wissenschaft, Wirtschaft, Kunst oder Religion.

Eine solche normativ abgespeckte Demokratietheorie scheint auf den ersten Blick enttäuschend – gerade im Vergleich mit Theorien, die wie im Fall von Habermas die Demokratie mit den Idealen Vernunft und Selbstregierung verknüpfen. Für Luhmann aber sind gerade der Opportunismus, das Herumlavieren der Politik ohne allzu drastische Konsequenzen sowie die Möglichkeit der Korrektur von in der Gegenwart getroffenen Entscheidungen durch eine prinzipiell offengehaltene Zukunft (mit anderen Entscheidungen) ein unschlagbarer Vorteil in einer Situation, in der ein objektiv richtiges Entscheiden ohnehin nicht mehr möglich ist –

---

[20] Mit Luhmann könnte man auch sagen: in Demokratien kommt es zu einer permanenten Umwandlung von Latenzen in Kontingenzen.

weder in sachlicher, noch in zeitlicher oder sozialer Hinsicht. Luhmann hat gewissermaßen eine fehlerfreundliche Demokratietheorie entworfen, die die Ansprüche an Rationalität (oder Vernunft) nicht so hoch schraubt, dass die Praxis dann nur noch als imperfekt erscheinen kann. Das Beharren auf gesamtgesellschaftlich integrierenden, rationalen Entscheidungen würde tatsächlich zur Blockierung jeglicher politischer Beschlüsse führen. Stattdessen entscheidet die Politik nach Luhmann zwar gesamtgesellschaftlich verbindlich, aber nur *systemrational*, also nur aus politischem Kalkül heraus. Sie wartet dann ab, was aus der Entscheidung in der Gesellschaft wird, um gegebenenfalls in Zukunft anders zu entscheiden.

Ich habe in diesem und im vorangehenden Abschnitt einen Überblick über Luhmanns allgemeine Theorie sozialer Systeme und über ihre Anwendung auf den Bereich der Politik geliefert. Der Zusammenhang zwischen der allgemeinen soziologischen und der spezifischen politischen Theorie sollte dabei deutlich geworden sein, ich will ihn hier nicht noch einmal wiederholen. Im nächsten und letzten Abschnitt meiner Luhmann-Rekonstruktion will ich stattdessen wichtige Implikationen von Luhmanns Ansatz anhand von zwei Konzepten der sozialwissenschaftlichen Analyse diskutieren.

3.3 Legitimität und Öffentlichkeit

Im letzten Abschnitt zu Luhmanns Theorie des politischen Systems will ich diesen Ansatz noch einmal auf zwei Schlüsselkategorien der politischen Theorie anwenden: Die Konzepte Legitimität und Öffentlichkeit. Dabei soll aufgezeigt werden, in welche Richtung Luhmanns systemtheoretische Analysen dieser Konzepte gehen bzw. wohin sie uns führen. Die Auswahl dieser beiden Konzepte liegt einerseits begründet in der Radikalität, mit der bei ihnen der Bruch mit klassischen Perspektiven vollzogen wird, sowie andererseits in der Entgegenstellung der entsprechenden systemtheoretischen Konzeptionen als Pendants zu Habermas' Analysen, wie wir sie in den Abschn. 2.2 und 2.3 kennengelernt haben.

3.3.1 Legitimität

Klassisch wird unter Legitimität in der Politikwissenschaft die Übereinstimmung der persönlichen Wertüberzeugungen der Bürger mit den durch das politische System verkörperten (bzw. sich in entsprechenden politischen Entscheidungen niederschlagenden) Werten verstanden.[21] Eine solche Konzeption ist für den Systemtheo-

---

[21] S. z. B. Easton (1965, S. 278). Diese Konzeption wird auch von Habermas geteilt.

retiker jedoch deshalb unbrauchbar, weil hier die psychische und die soziale Ebene nicht deutlich genug voneinander getrennt werden. Die Trennung von Bewusstsein und Kommunikation, von psychischen und sozialen Systemen wird verwischt im unklaren Begriff der Übereinstimmung. Typischerweise gibt es dann in Bezug auf die Frage, was inwiefern legitim sei, viel Streit – sowohl unter von bestimmten Entscheidungen konkret Betroffenen als auch unter externen Beobachtern. Das Problem, was denn genau unter Übereinstimmung zu verstehen sei, umgeht Luhmann hingegen einfach dadurch, dass es in seiner Theorie eine auf konkrete Zustände bezogene Übereinstimmung zwischen psychischen und sozialen Systemen gar nicht geben kann. Zwischen beiden wird vielmehr klar getrennt: Soziale Systeme können nie *direkt* auf Bewusstseinszustände durch- oder zugreifen, da sie die Grenzen ihrer Operationsweise nicht überschreiten können. Und auch psychische Systeme können nie *direkt* an andere psychische oder soziale Systeme andocken, um sich gleichsam mit ihnen kurzzuschließen; auch sie können die eigenen Grenzen nicht überschreiten.[22] Die jeweiligen Operationen dieser verschiedenen Systemtypen berühren sich also niemals etwa in der Form einer Sequenz: Gedanke – Kommunikation – Gedanke – Kommunikation. Dies bedeutet aber für den Begriff der Legitimität, dass es die gesuchte Übereinstimmung auch immer nur jeweils *systemintern*, also innerhalb von psychischen oder sozialen Systemen geben kann – und nicht zwischen ihnen.[23] In seinem frühen Buch *Legitimation durch Verfahren* (1969; ich zitiere im Folgenden die Ausgabe von 1983) entwirft Luhmann daher eine Theorie der Legitimität bzw. Legitimation von politischen und juristischen Entscheidungen (die auch übertragbar ist auf die Strukturen der sozialen Systeme Recht und Politik), welche allein auf Kommunikation abstellt. Legitimation ist in diesem Zusammenhang für Luhmann ein Prozess der Umstrukturierung von Erwartungen *innerhalb von sozialen Systemen* und der Begriff der Legitimität wird entsprechend *allein auf die in diesen sozialen Systemen aktuell geltenden Erwartungen bezogen.*

Das interessante an Luhmanns Konzept der Legitimität ist nun, dass sich die Systemtheorie gerade *nicht* mit diesem Hinweis auf die autopoietische Geschlossenheit sozialer Systeme begnügt. Dieser Hinweis ist nicht Endpunkt, sondern Startpunkt für eine genauere Analyse. Weder verdrängt die Systemtheorie also das

---

[22] Das gilt auch unter der Bedingung der strukturellen Kopplung beider Systemtypen über Sprache und Schemata. Diese ermöglicht Irritation, nicht aber: Bestimmung des Zustands des einen Systems durch das andere. Siehe dazu ausführlicher König 2009, S. 87 ff.

[23] Oder man müsste den Legitimitätsbegriff auf ein triviales Maß reduzieren. Legitimität hieße dann: Strukturelle Kopplung der Systeme über Sprache, so dass sie gerade soweit aufeinander abgestimmt sind, um sich wechselseitig irritieren zu können. Ein Legitimitätsbegriff dieser Art wäre freilich überflüssig: denn dann müssten soziale Systeme ja per se legitim sein, weil immer schon angepasst sein.

Legitimationsproblem, wie Habermas es ihr vorwirft (1992, S. 420), noch bleibt sie bei einer puren Ablehnung des klassischen Legitimitätskonzepts stehen. Angesichts ihrer theoretischen Prämissen sucht sie vielmehr einen neuen Zugang zum Problem zu gewinnen. Der Reiz dieses neuen Zugangs liegt dabei in der Umkehrung im Verhältnis Individuum – Politik, die sich ergibt, wenn das Problem der Legitimität einmal nicht vom Standpunkt der psychischen Systeme aus, sondern vom Referenzpunkt des sozialen Systems ausgehend erörtert wird. Es geht dann um die Frage, wie soziale Systeme ohne einen direkten Zugang zum Bewusstsein sich selbst als Ordnung stabilisieren können.

Die Art von *Legitimation durch Verfahren*, die Luhmann in diesem Zusammenhang entwirft, ist nicht zuletzt auch aus diesem Grund das genaue Gegenteil von derjenigen Legitimation durch Verfahren, wie sie Habermas in seiner Diskurstheorie der Politik und des Rechts vorschwebt. Während Habermas auf einen intersubjektiven Konsens als Ziel abstellt, der in diskursiven Verfahren der Meinungs- und Willensbildung erzielt werden und damit die Resultate von politischen und rechtlichen Entscheidungsprozessen legitimieren soll, geht es nach Luhmann gerade darum, angesichts der Unmöglichkeit eines solchen intersubjektiven Konsenses soziale Ordnungen (und Entscheidungen) auch ohne die allseitige Zustimmung seitens der Individuen auf Dauer zu stellen, also sie gerade vom Zwang zum Konsens zu emanzipieren. Wie für Habermas liegt für Luhmann dabei die Antwort auf das Legitimitätsproblem zunächst in einer bestimmten Verfahrensprozedur, die er am Beispiel von Entscheidungsfindungsprozessen in der Politik und im Recht aufzeigt. Und auch für Luhmann liegt der Kern bei Legitimation in einer Einbeziehung der von der Entscheidung betroffenen Individuen in den Prozess der Entscheidungsfindung. Dies geschieht nun aber gerade nicht so, dass eine Entscheidung erst dann fixiert wird, wenn alle Betroffenen von ihr überzeugt sind und zustimmen – so wie es Habermas vorschwebt, der auf diese Weise die sozialen Kosten einer selektiven Entscheidung in Form von Spaltpotential minimieren will. Luhmann beschreibt stattdessen eine raffinierte Bezugnahme des kommunikativen Prozesses auf die involvierten Individuen, welche am Ende sowohl den Gewinnern als auch den Verlierern das Akzeptieren der Entscheidung *unabhängig* von der persönlichen Überzeugung abverlangt.

Ein Verfahren der Entscheidungsfindung (z. B. eine Gerichtsverhandlung, aber auch politische Verhandlungen) ist für Luhmann ein Prozess der sukzessiven Unsicherheitsabsorption. Es geht um die schrittweise Reduktion von Komplexität, die schließlich zur Auswahl einer bestimmten, kontingenten Alternative führt. *Die Konditionierung dieses Verfahrens der Absorption von Unsicherheit auf der kommunikativen Ebene garantiert nun die gewünschte Akzeptanz des Ergebnisses seitens der beteiligten Personen.* Zu dieser Konditionierung gehört zunächst ein am Anfang noch prinzipiell ergebnisoffenes Verfahren. Den Beteiligten darf also nicht von vornherein klar sein, wer sich am Ende durchsetzen wird. In Verknüpfung mit dem festen Ziel der Entscheidungsfindung (die Entscheidungsvertagung darf nicht als Ausweg aus Kontroversen existieren) führt dann diese Unsicherheit bezüglich des Ausgangs des Verfahrens zur Motivation seitens aller Beteiligten, sich den verbindlichen Regeln des Verfahrens zu fügen, da sie nur so auf dessen Ergebnis Einfluss ausüben können. Von da an aber geraten die beteiligten Personen „in den Trichter des Verfahrens" (Luhmann 1983, S. 115): sie bestätigen – ob sie wollen oder nicht – mit ihrem Engagement implizit die Regeln der Entscheidungsfindung selbst, d. h. die Verteilung der Entscheidungskompetenzen, das Verfahrensrecht sowie die gesamte abstrakt festgelegte Struktur des Verfahrens überhaupt.[24] Sie werden durch ihre Teilnahme am Verfahren „zu unbezahlter zeremonieller Arbeit" (ibid., S. 117) für die symbolische Bestätigung derjenigen sozialen Strukturen veranlasst, innerhalb derer sie agieren. Und gerade dieses Engagement erzeugt in der Konsequenz ein soziales Klima der Akzeptanz der finalen Ergebnisse des Verfahrens unabhängig von der Frage, ob alle Individuen tatsächlich auch damit einverstanden sind oder nicht. Auf diese Weise können kommunikativ fixierte Ergebnisse in der Zeit stabilisiert und als Erwartungsstrukturen auf Dauer gestellt werden, *unabhängig* von der persönlichen Einstellung zu ihnen seitens der Individuen.[25]

In gewisser Hinsicht beleuchtet Luhmann mit dieser Analyse eine *dunkle Seite des Diskurses*, wie sie bei Habermas niemals thematisiert wird. Habermas könnte zwar einwenden, dass eine solche Perspektive auf Verfahren tendenziös sei, insofern sie von der Prämisse der Unmöglichkeit eines intersubjektiven Konsenses und neutraler (oder im Verfahren selbst erarbeiteter) Regeln der Entscheidungsfindung ausgehe. Die zynische Sicht des Verfahrens wäre gewissermaßen ein Artefakt der eingenommenen Perspektive und laufe auf eine vorschnelle Resignation hinaus. Wer von vornherein mit den Kategorien Gewinner und Verlierer in das Verfah-

---

[24] Also z. B.: wer darf sich wann und wie äußern, welche Überzeugungsmittel dürfen eingesetzt werden, etc.

[25] Gerade die Trennung von kommunikativen und psychischen Aspekten des Verfahrens ermöglicht jedoch, wie Luhmann betont, auch für die Verlierer eine versöhnliche Strategie des Umgangs mit der eigenen Niederlage: individuell kann jeder nach wie vor der Meinung sein, ihm sei Recht oder Unrecht widerfahren. Auf der Ebene der Kommunikation allerdings müssen die einmal stabilisierten Erwartungen akzeptiert werden. Es muss also bei individueller, psychischer Frustration bleiben. In diesem Zusammenhang hat Luhmann das Rechtssystem der Gesellschaft einmal als deren Immunsystem beschrieben: Konflikte werden kommunikativ hier so entschärft, dass die für die Stabilität von sozialen Systemen unerlässlichen Erwartungsstrukturen *unabhängig* von den psychischen Einstellungen der Individuen zu ihnen durchgesetzt werden können. Wie das Gefühl von denen verarbeitet wird, die im Unrecht sind, bleibt dann ein persönliches Problem.

ren einsteige, der missachte die tatsächlich bestehende Aussicht auf ein allseitiges Einverständnis. Für Habermas liegt also ein *neutrales* Verfahren der diskursiven Entscheidungsfindung immer im Bereich des Möglichen, ungeachtet der Tatsache, dass es praktisch auf Widerstand stoßen kann.

Tatsächlich handelt es sich bei Luhmanns Verfahrensanalyse allerdings um eine viel realitätsnähere Beschreibung der alltäglichen Entscheidungsprozesse in Politik und Justiz, als wir sie bei Habermas vorfinden. Mit zunehmender Komplexität und Differenzierung sowohl auf der Ebene der Individuen als auch auf der Ebene der Gesellschaft wird die Aussicht auf einen intersubjektiven Konsens bezogen auf bestimmte *issues* immer unwahrscheinlicher. Dass die meisten sozialen Ordnungen und Entscheidungen dennoch durchgesetzt werden, spricht für eine Analyse des Verhältnisses zwischen Individuum und sozialem System, welche von einer eindeutigen operativen Trennung dieser beiden Systemtypen ausgeht – wobei gerade die Differenz von psychischen und sozialen Systemen dann mehr Freiheit auf beiden Seiten zulässt: Soziale Ordnungen können sich mit ihren Strukturen auch ohne die Zustimmung seitens der psychischen Systeme behaupten, und psychische Systeme können ihrerseits ihre Einstellung zu diesen sozialen Ordnungen frei wählen und sich auch gegen sie profilieren.[26] Wo kämen wir hin, wenn immer alle einverstanden sein müssten? Die Kettung von kontroversen – also im Prinzip fast allen – juristischen und politischen Entscheidungen an den Zwang zu intersubjektivem Konsens und allseitiger Verständigung im Namen der Vernunft würde tatsächlich wohl nur zu einer sofortigen Blockierung aller Entscheidungsfindungsprozesse in diesen Bereichen führen. Denn Habermas' Verweis auf die „Zwanglosigkeit des zur Überzeugungskraft sublimierten Zwangs einleuchtender Gründe" (Habermas 1992, S. 41) übersieht, dass es in der juristischen und politischen Praxis i. d. R. gute Gründe sowohl für die eine als auch für die andere Entscheidungsalternative gibt. Es gibt fast immer überzeugende Argumentationen auf beiden Seiten – und trotzdem muss gewählt und der Selektion Akzeptanz verschafft werden. Eben darum müssen Luhmann zufolge soziale Erwartungsstrukturen gerade geschützt werden vor den psychischen, emotionalen Reaktionen der von ihnen negativ betroffenen Individuen. Wenn dies nicht der Fall wäre, dann gäbe es keine stabilen sozialen Strukturen.[27]

---

[26] „Es scheint, daß damit ein Verhältnis von Individuum und Sozialordnung angebahnt wird, das auf stärkerer Systemtrennung beruht und dadurch ein höheres Potential für Komplexität aufweist: Die Sozialordnung kann auf diese Weise von der Eigenart individueller Persönlichkeiten als Motivierungssystemen weitgehend unabhängig gestellt werden und eben deshalb eine ausgeprägte Individualisierung der Persönlichkeiten erlauben." (Luhmann 1983, S. 119).

[27] Um die unterschiedlichen Perspektiven noch einmal in Habermas' Worten zu verdeutlichen: Während für Habermas wirkliche Akzeptanz nur durch Akzeptabilität erreicht werden kann, ist für Luhmann Akzeptanz nur möglich bei Verzicht auf Akzeptabilität.

3.3.2 Öffentlichkeit

Die systemtheoretischen Erläuterungen zum Thema Öffentlichkeit unter dem Aspekt der Programmierung der Politik (3.2.2) waren noch recht nahe am klassischen Verständnis dieser Schlüsselkategorie, wie wir es auch bei Habermas finden: Öffentlichkeit wird dort als Instanz für Kritik und Überwachung des politischen Prozesses, bei Habermas sogar als Garant für die diskursive Rationalität politischer Entscheidungen gesehen. Wie nicht anders zu erwarten, hat Luhmann aber auch in sein Öffentlichkeitskonzept wieder eine Pointe eingebaut, die auf ein radikales Umdenken von bislang unhinterfragt akzeptierten Prämissen in der Analyse dieses Phänomens hinausläuft. Und wie schon beim Konzept der Legitimität ist dies eine Konsequenz aus den Grundannahmen der Theorie selbstreferentieller Systeme, wie sie oben vorgestellt wurden. Darauf will ich im Folgenden näher eingehen.[28]

Wie schon im Fall der Legitimität muss auch die öffentliche Meinung zunächst als kommunikatives Konstrukt strikt von der Gedankenwelt der psychischen Systeme getrennt werden. Sie mag sich zwar auf diese beziehen, und sie mag im Alltagsverständnis sowohl der Politiker als auch der Bürger als deren Verlängerung bzw. Ausfluss angesehen werden – die Analyse mit systemtheoretischen Mitteln muss dennoch einen anderen Zugang wählen. Sie setzt von Beginn an auf Kommunikation und koppelt damit soziale Systeme von allen anderen Umweltvoraussetzungen (d. h. auch von psychischen Systemen) ab, indem sie sie als emergente Ordnung auffasst. Der erste wichtige Punkt der systemtheoretischen Analyse der Öffentlichkeit liegt also in der Aufgabe der Vorstellung, diese bestehe aus der Meinung der Individuen und stecke gleichsam in ihren Köpfen. An diese Stelle tritt die Annahme, dass es sich hier um ein rein kommunikatives Fabrikat handelt.

Damit könnte sich auch Habermas noch anfreunden, nicht aber mit dem zweiten Schritt: Luhmann verortet die Öffentlichkeit nämlich im politischen System selber. Öffentliche Meinung ist demnach nicht etwa eine Instanz, die außerhalb des politischen Systems dieses kritisch überwachen könnte. Wenn Öffentlichkeit vielmehr im System der Politik einen Unterschied machen soll, dann muss sie auch innerhalb dieses Systems verortet werden. Die Annahme eines autopoietischen, also operativ geschlossenen Funktionssystems der Politik zwingt die Analyse zur Konzentration auf systeminterne Differenzen, die keine Entsprechung in der Umwelt haben. Politische Operationen, politische Prozesse und politische Strukturen kann es niemals außerhalb des politischen Systems selbst geben – es gibt sie entwe-

---

[28] Ich stütze mich hier hauptsächlich auf Luhmanns Aussagen zur Öffentlichkeit in *Die Politik der Gesellschaft* (2000a, S. 274 ff.). Einen Gesamtüberblick über Luhmanns Öffentlichkeitsanalysen, der alle seine Texte berücksichtigt, liefert Marcinkowski (2002).

der hier oder es gibt sie eben gar nicht. Und dies gilt dann auch für eine politische Öffentlichkeit.

Doch auch wenn die öffentliche Meinung ein rein systeminternes Konstrukt des politischen Systems ist, bleibt auch bei Luhmann das Kernproblem, auf das sie bezogen ist, das System/Umwelt-Verhältnis. Gerade als geschlossenes System muss sich die Politik in ihrer gesellschaftlichen (und außergesellschaftlichen) Umwelt bewähren, d. h. sie kann sich nicht allein mit sich selber beschäftigen, sondern muss einen Bezug zu dieser Umwelt herstellen. Und genau hier spielt die (politische!) Öffentlichkeit nun eine entscheidende Rolle. Für Luhmann ist die öffentliche Meinung nämlich ein Mittel, mithilfe dessen das politische System *sich selbst* beim Beobachten beobachtet. Zur Erläuterung: Es geht hier um eine konkrete Form dessen, was oben als Reflexion bezeichnet wurde. Ein hinreichend komplexes System hat sich nicht nur operativ aus der Umwelt ausdifferenziert, sondern es macht sich diesen Vorgang jetzt auch bewusst, indem es auf genau diese Ausdifferenzierung, auf die eigene System/Umwelt-Differenz reflektiert.[29] Es macht das System/Umwelt-Verhältnis also zum *Gegenstand* seiner Beobachtungen (anstatt es durch seine Operationen nur zu reproduzieren) und beobachtet sich damit als System-in-einer-Umwelt selbst. Von da an werden sowohl die eigene, systemintern appräsentierte Umwelt als auch die Systemstrukturen variabel, und das System kann sich ändern, um sich seiner Umwelt (die es mit der realen Umwelt gleichsetzt) anzupassen. Mit anderen Worten: Das System stattet sich mit der Fähigkeit zur Selbstkritik aus, es gewinnt Abstand zu sich selbst, *obwohl* es auch dabei die eigenen Grenzen niemals überschreiten kann – auch Selbstbeobachtung erfolgt immer nur aus der Innenperspektive des Systems heraus; auch sie bleibt eine Operation des Systems.[30]

Die Konzeption von Öffentlichkeit als ein Mittel zur Selbstbeobachtung des politischen Systems hat nun mehrere wichtige Implikationen, die vor allem im Hinblick auf ihren Kontrast mit der Öffentlichkeitskonzeption von Habermas interessieren. 1) *Erstens* besteht für Luhmann die öffentliche Meinung aus *allen* Selbstbeobachtungen politischer Kommunikationen. Sie wird immer dann aktualisiert, wenn sich politische Kommunikationen nochmals reflektieren unter der Fragestellung: wie beobachte ich bzw. wie werde ich mit meinen Beobachtungen beobachtet?[31] Die

---

[29] Dies geschieht, wie bereits gesagt, formal über ein re-entry: die Unterscheidung System/Umwelt tritt auf der Seite des Systems abermals auf.

[30] Der Witz von Selbstbeobachtung liegt also im Aufzeigen von anderen Möglichkeiten der Beobachtung als Alternative zu den gegenwärtig aktualisierten. Und genau dies leistet nach Luhmann die öffentliche Meinung des politischen Systems.

[31] Damit soll also dem möglichen Missverständnis vorgebeugt werden, dass das System wie ein einzelner Akteur aufgefasst werden könnte. Wenn Luhmann sagt: das System beobachtet sich selbst, dann meint er damit natürlich konkret einzelne Operationen, d. h. Kommunikati-

Öffentlichkeit hat deshalb keine feste Adresse und keinen Ort, sie tritt nirgends persönlich auf – aber sie hat viele Freunde, die in ihrem Namen auftreten. Die Tatsache, dass die Öffentlichkeit dem politischen System als Mittel zur Selbstbeobachtung in einer problematischen Umwelt dient, bedeutet also keineswegs, dass eine zentrale Stelle im System wiederum über dieses Kontrollinstrument verfügen könnte. 2) Die öffentliche Meinung ist *zweitens* ein Medium für die Selbstbeobachtung des politischen Systems – nicht mehr, aber auch nicht weniger. Sie erfüllt also durchaus eine Orientierungsfunktion in der Politik; jedoch ist sie deshalb noch nicht ein Garant für vernünftige Eingaben. Statt übergreifender, diskursiver Rationalität und Vernunft als (wenigstens anzustrebendes) Ergebnis betont Luhmann vielmehr die Unvorhersehbarkeit, Labilität, Intransparenz und nicht-lineare Eigendynamik von Prozessen der öffentlichen Meinungsbildung. Wenn allseitig nur noch Beobachter beobachtet werden, dann birgt dies stets die Gefahr eines gewissen Realitätsverlustes in sich – infolge einer von den tatsächlichen Sachverhalten sich abkoppelnden inhaltsleeren Dynamik. Das beste Beispiel dafür ist die Börse: es geht bei den dort zu beobachtenden Meinungsbildungsprozessen weder um subjektive Aufrichtigkeit, noch um objektive Wahrheit oder normative Richtigkeit. Es geht nur noch um die Anpassung, und insbesondere die schnellere Anpassung, an den sich abzeichnenden Trend und daraus folgende Positionsgewinne gegenüber langsameren Beobachtern. Das wichtigste Mittel zu einer schnelleren Anpassung dürfte dabei wohl in gezielter Manipulation liegen: Wer andere zur Änderung ihrer Ansichten veranlassen kann, der muss sich nicht selbst bewegen. 3) Damit komme ich zu einem *dritten* wichtigen Punkt in Luhmanns Öffentlichkeitskonzept: Manipulation ist hier nicht mehr eine Art perverse und deshalb zu bekämpfende Degeneration von Prozessen öffentlicher Meinungsbildung, sie ist vielmehr das ihnen zugrundeliegende Movens überhaupt. Jeder, der sich vor dem Spiegel der öffentlichen Meinung zeigt, hofft auf eine Beeinflussung der öffentlichen Meinung – und sei es nur in der bescheidenen Form, von ihr in der selbst gewünschten Art wahrgenommen zu werden (z. B. als aufrichtiger Politiker). Hier ist dann eine besondere Art des Risikomanagements gefragt, d. h. des Kalküls, mit welchen Äußerungen (bzw. Handlungen) welche Wirkungen in der Öffentlichkeit voraussichtlich erzeugt werden, verbunden mit einem Abwägen von erhofften gegen befürchtete prognostizierte Effekte – freilich auch dies wiederum *unabhängig* von privaten Überzeugungen.[32] Und gerade hier dürfte sich professionelle Erfahrung bezahlt machen, die

---

onen (bzw., näher am soziologischen Commonsense: Handlungen). Die Systemtheorie leidet immer an dem Handicap, sich mit ihrer Begrifflichkeit gerade nicht an die in der Lebenswelt kursierenden Selbstbeschreibungen sozialer Ordnungen anzupassen.

[32] Der Bezug (vor dem Spiegel der Öffentlichkeit!) auf private Überzeugungen oder subjektive Aufrichtigkeit kann natürlich im Zuge dieses *impression* bzw. *impact management* als strate-

den geübten Politiker mit einem Gespür für die intransparente Dynamik der Öffentlichkeit ausstattet. 4) *Viertens*: Was als Ergebnis von Prozessen der öffentlichen Meinungsbildung anfällt, ist nach Luhmann weder Konsens, noch Rationalität oder Vernunft. Es sind vielmehr Schemata. Schemata (sie bezeichnen ganz allgemein formuliert etwas als etwas) sind dabei zu begreifen als diejenigen kommunikativen Formen, die eine Meinungsbildung im klassischen Sinn (das dafür sein oder dagegen sein der einzelnen Individuen) überhaupt erst ermöglichen. Gemeint sind z. B. bereits einfache Themenkomplexe wie *Globalisierung, Steuern und Abgaben*, aber auch komplexere Kausalschemata wie z. B. *Die Industriegesellschaft schädigt die Umwelt* oder *Mehr Wirtschaftswachstum schafft Arbeitsplätze*. Entscheidend bei solchen Schemata ist also nicht deren objektive Richtigkeit, sondern vielmehr ihre Funktion als Themenvorgaben, über die dann gestritten werden kann. Sie ermöglichen die Meinungsbildung als einen Prozess des mehrfachen und *nichtintegrierten* Beobachtens. 5) *Fünftens*: Diese Schemata – die öffentliche Meinung mit ihren Themen und Beiträgen, das ubiquitäre Beobachten des Beobachtens – all das hat schließlich auch nach Luhmann durchaus disziplinierende Effekte. Diese wirken aber nicht im Sinne eines Trends zur Vernunft, sondern zielen allein auf die Anpassung der Beobachter an die selbsterzeugten Schemata, an die erzeugten *Eigenwerte* der Kommunikation. Um ein Beispiel zu geben: Ein Politiker (oder ein Beobachter des politischen Geschehens) muss heute die Grenze Privat/Öffentlich richtig handhaben, d. h. er muss wissen, wann Privates für die Öffentlichkeit interessant werden kann und wann nicht, und auch wann er der Öffentlichkeit ein illegitimes Eindringen in die Privatsphäre vorwerfen kann und wann nicht. Der ehemalige Innensenator der Stadt Hamburg Ronald Schill ist z. B. am Handhaben dieser Unterscheidung gescheitert, denn er wollte Privatheit zum Politikum machen in einem Bereich, wo dies heute nicht mehr akzeptiert wird: der Homosexualität eines Politikers.[33] Ein weiteres Beispiel für einen solchen Eigenwert politischer Kommunikation: Ein Politiker muss wissen, wann eine Kommunikation für Konsens und wann für Konflikt inszeniert werden muss. Im eigenen Lager muss Konsens inszeniert, gegenüber dem Gegner hingegen Dissens demonstriert werden. Und dies nicht etwa, weil es vernünftig wäre – sondern weil es eine selbst aufrechterhaltene Tradition im politischen System ist.

---

gisch eingesetzte Ressourcen dienen. Dann allerdings immer verbunden mit der Gefahr einer besonders peinlichen Entlarvung im Falle von aufgedeckten Widersprüchen zwischen gegensätzlichen Aussagen oder zwischen Aussagen und Taten – denn man wird ja beobachtet!

[33] Das ganze wäre natürlich anders verlaufen, wenn es sich nicht um Homosexualität, sondern etwa um Sodomie gehandelt hätte. Das Beispiel Schill zeigt deshalb auch sehr gut, dass es beim Achtgeben auf die Eigenwerte der politischen Kommunikation keine letzte Sicherheit geben kann. Denn da es sich um ein dynamisches System handelt, kann das Private von gestern das Öffentliche von heute sein – und umgekehrt.

Vergleich: Selbst- oder Fremdbeschreibung?

4

Mit Habermas' Theorie der deliberativen Politik und Luhmanns Theorie des politischen Systems wurden zwei Theorieangebote vorgestellt, die unterschiedlicher nicht sein können. Zwar gibt es durchaus auch Gemeinsamkeiten zwischen den beiden Ansätzen – z. B. haben beide dasselbe Ziel, eine für die moderne Gesellschaft adäquate soziologische Theorie (in unserem Fall: des Rechts und der Politik) zu entwerfen. In beiden Fällen wird die moderne Gesellschaft dabei auf sich selbst verwiesen, indem eine religiöse oder traditionale Legitimation ihrer Kernstrukturen abgelehnt wird (in Habermas' Terminologie handelt es sich also um nachmetaphysisches, postkonventionelles Denken). Und schließlich stellen auch beide Autoren in ihrer Sozial- und Gesellschaftstheorie entschieden auf den Kommunikationsbegriff ab; beide erheben damit den Anspruch, die Subjektphilosophie zu überwinden. Doch davon einmal abgesehen, gibt es inhaltlich kaum weitergehende Parallelen, und insgesamt bringen die wenigen Gemeinsamkeiten, die existieren, die vielen Unterschiede nur noch stärker zur Geltung.

Im Verhältnis der beiden Theorien zueinander überwiegen also die Differenzen. Und da beide denselben Gegenstandsbereich haben[1], will ich im letzten Abschnitt dieses Buches zu einer begründeten Stellungnahme zu den alternativen Beschreibungsangeboten ansetzen. Zwei Punkte stehen dabei im Vordergrund: Erstens sollen die in den beiden vorangehenden Kapiteln aufgedeckten diversen Differenzen zwischen der Theorie von Habermas und der von Luhmann auf *eine Leitdifferenz* zurückgeführt werden – und zwar die zwischen einer Soziologie als Selbstbeschreibung (Habermas) und einer Soziologie als Fremdbeschreibung (Luhmann). In gewisser Hinsicht artikulieren alle Gegensätze im Detail zwischen beiden Theorien nur diesen einen fundamentalen Gegensatz: Während Habermas mit seinen soziologischen Analysen an die Selbstbeschreibung(en) der von ihm analysierten

---

[1] Eine Entschärfung des Gegensatzes in der Form: Habermas' Theorie gelte für den eigenen Freundeskreis, Luhmanns Theorie hingegen für die Systeme, ist also nicht möglich.

T. König, *In guter Gesellschaft?*, DOI 10.1007/978-3-531-19365-6_4
© VS Verlag für Sozialwissenschaften | Springer Fachmedien Wiesbaden 2012

sozialen Ordnungen anknüpft und sie ernst nimmt, geht Luhmann bei seinen soziologischen Analysen gezielt auf Distanz zu diesen Selbstbeschreibungen, um sie
mit dem Mittel einer Fremdbeschreibung dekonstruieren zu können. Beide Strategien haben dabei ihre jeweiligen Vor- und Nachteile.

Es soll aber zweitens unabhängig davon auch gezeigt werden, dass Luhmanns
Angebot einer Soziologie als Fremdbeschreibung in sich überzeugender ist als Habermas' konkurrierendes Angebot einer Soziologie als Selbstbeschreibung. Dies
liegt darin begründet, dass Luhmann sich deutlicher als Habermas für seine Seite
entscheidet. Während Luhmann konsequent und unmissverständlich eine Fremdbeschreibung sozialer Ordnungen erst ankündigt und dann realisiert, stellt Habermas mit seiner Soziologie erst einen Kompromiss zwischen Selbst- und Fremdbeschreibung der sozialen Ordnung in Aussicht, den er dann aber nicht überzeugend
umsetzen kann. Habermas liefert eine Selbstbeschreibung, die zwar mehr sein will,
es aber nicht ist. Luhmann hingegen liefert eine selbstzufriedene Fremdbeschreibung.

4.1 Habermas' Theorie als Selbstbeschreibung: Leistung und Grenzen

Es gibt viel positive und negative Kritik zu Habermas' Theorie der deliberativen
Demokratie, die teils grundlegend und teils im Detail den Ansatz verteidigt oder
verwirft. Ich kann hier nicht deren wichtigste Punkte herausarbeiten und muss
mich mit dem Hinweis auf die einschlägige Literatur begnügen. Auch will ich darauf verzichten, selber zu jeweils einzelnen Aspekten von Habermas' theoretischen
Überlegungen kritische Überlegungen anzustellen – obwohl sich dies durchaus an-
bieten würde. Stattdessen zielt meine Kritik aufs große Ganze, indem ich frage, ob
die Theorie in toto überzeugt oder nicht. Um dabei nicht in eine (leider immer wieder anzutreffende) üble Sitte zu verfallen, die darin besteht, einen Strohmann erst
auf- und dann bloßzustellen, sollen Habermas' Anstrengungen an ihrem eigenen
Anspruch gemessen werden. Erreicht der Autor die Ziele, die er sich selber steckt?

4.1.1 Ziel und Methode

Das erste Ziel von Habermas war es, die Diskurstheorie bzw. die Theorie des kommunikativen Handelns anzuwenden auf den Bereich der Politik und des Rechts
(bzw. auf den demokratischen Rechtsstaat) und dabei zu zeigen, dass das klassische
Ideal der Selbstgesetzgebung auch in modernen, komplexen Gesellschaften ver-

wirklicht werden kann. Die wichtigste Implikation seiner neuen Lesart des demo-kratischen Rechtsstaates, die Habermas in *Faktizität und Geltung* entwirft, ist dabei die Annahme, dass eine selbstgestaltete (und in diesem Sinne unproblematische) Integration der Bürger möglich sei durch das von ihnen autonom gesetzte Recht. Habermas weist einen rein formalen Begriff der Selbstgesetzgebung zurück und zielt bewusst auf die Verwirklichung der „radikalen Gehalte des demokratischen Rechtsstaates" (1992, S. 13). Das anspruchsvolle *diskursive* Verfahren der Legiti-mation von politischen und rechtlichen Entscheidungen und Strukturen, welches Habermas vorsieht, ist dann die zwar schwierige, aber unumgängliche Prozedur zu einer annähernden Realisierung des Ideals der Selbstgesetzgebung. Wenn aber diese Prozedur zur Anwendung kommt, dann haben nicht nur die einzelnen aus den Diskursen hervorgehenden Entscheidungen die Vermutung der Vernunft und der Rationalität für sich, sondern dann kann auch von einer *in ihrem Ergebnis konsentierten* und insofern unproblematischen diskursiven Vergesellschaftung ge-sprochen werden, die nur auf dem „zwanglosen Zwang des besseren Argumentes" (Habermas 1992, S. 370) beruht – und dabei eingebettet ist in die Lebenswelt als Konsensreservoir.[2]

Habermas muss deshalb in seiner Argumentation nachweisen, dass ein solches Projekt in der anspruchsvollen Art, wie es ihm vorschwebt (eine auf Entscheidun-gen wie auf Strukturen bezogene Legitimation durch Verfahren à la Habermas, die eine im Ergebnis unproblematische Integration ermöglicht) nicht dazu verdammt ist, eine bloße Utopie zu bleiben. Es geht ihm ja gerade um den Nachweis der Mög-lichkeit einer über Konsens integrierten, mit sich selbst versöhnten Gesellschaft. An dieser Stelle bringt Habermas seine Methode einer rekonstruktiven Soziologie ins Spiel. Diese Methode besagt im Kern, dass es sich bei den Habermas-Idealen der Vernunft, der Verständigung, der Einheit und des Konsenses nicht um durch den Sozialphilosophen ex nihilo eingeführte Idealisierungen handelt, sondern dass diese Idealisierungen implizit in den alltäglichen Praktiken und Institutionen, die uns umgeben, bereits verkörpert sind. Die Vernunft liegt gewissermaßen unter der Schmutz- und Staubschicht der alltäglichen Routine und mag über den Widerstän-

---

[2] Ich unterstelle natürlich nicht, dass Habermas eine Gesellschaft ohne Konflikte und ohne Dissens vorschwebt. Im Gegenteil: Je mehr in der modernen Gesellschaft die normativen Grundlagen des Zusammenlebens durch kommunikatives Handeln selbst bestimmt werden, desto mehr Dissense und desto mehr Konflikte tauchen auf. Was Habermas aber in der Tat vorschwebt, ist das Projekt einer *im Endeffekt* harmonischen Vergesellschaftung, die selbst unter der Bedingung einer immer stärkeren Problematisierung von Geltungsansprüchen durch ein bestimmtes Verfahren der Konfliktregelung in Diskursen ermöglicht werden soll. Im Gegensatz zu Luhmann legt Habermas den Schwerpunkt in seiner Theorie nicht auf Dif-ferenz, sondern auf Einheit. Im Habermas'schen Idealfall kennt die Gesellschaft nur noch die Differenzen, die sie selber diskursiv autorisiert hat.

den des Alltags fast aus dem Blickfeld zu geraten, kann aber durch den Sozialphilo-sophen wieder ans Licht geholt und zur vollen Geltung gebracht werden. Mit dieser Methode der rekonstruktiven Soziologie – mit der Unterstellung also, dass es sich bei seinem Modell der deliberativen Politik nicht um reines Wunsch-denken handelt, sondern lediglich um die Explikation von gemeinsam geteilten Überzeugungen – strebt Habermas jedoch gleichzeitig einen Kompromiss an zwi-schen der Selbstbeschreibung einer demokratischen Gemeinschaft durch ihre Bür-ger und der Fremdbeschreibung dieser Gemeinschaft durch den Soziologen.[3] Eine solche Mittelposition kommt ihm auch insofern entgegen, als er mit seiner Theorie einen kritischen Maßstab zur Bewertung der realen demokratischen Gemeinwesen vorlegen möchte.[4] Es ist jedoch genau dieser Kompromiss zwischen der Selbst- und Fremdbeschreibung einer politischen Gemeinschaft, der Habermas' Theorie in eine ungünstige Position bringt. Er ist nämlich der eigentliche Ursprung der diver-sen Kritik an dieser: Sei es in der Form, dass sie zu viele Konzessionen gegenüber der Realität mache (so der Vorwurf von einigen Pro-Habermasianern), sei es in der Form, dass sie trotz aller Konzessionen gegenüber der Realität immer noch zu idealistisch bleibe (so der Vorwurf von vielen Habermas-Gegnern).[5] Den einen ist Habermas' Theorie also nicht normativ genug (d. h. zu stark an die Fremdbeschrei-bung eines positiven Soziologen angelehnt), den anderen hingegen ist sie immer noch zu normativ (d. h. zu sehr eine idealisierende Selbstbeschreibung und zu we-nig eine realistische Fremdbeschreibung).

Auch mein Argument gegen Habermas' Diskurstheorie setzt hier an, ist aber differenzierter. Für mich ist Habermas' Kompromisslösung, seine Theorie zwi-

---

[3] „Die aus der Teilnehmerperspektive des Richters oder Staatsbürgers vorzunehmende re-konstruktive Analyse richtet sich auf die im normativen Substrat verkörperten Sinngehalte, auf jene Ideen und Werte, aus denen sich der Legitimitätsanspruch oder die ideale Geltung eines Rechtssystems (bzw. einzelner Normen) erklären läßt. Die aus der Beobachterperspek-tive vorzunehmende empirische Analyse richtet sich auf das Ganze aus Legitimitätsglauben, Interessenlagen, Sanktionen und Umständen, also auf die Logik der Handlungssituationen, aus denen sich die empirische Geltung und die faktische Durchsetzung der rechtlich insti-tutionalisierten Verhaltenserwartungen erklärt." (Habermas 1992, S. 94). Nach Habermas muss „eine rekonstruktiv verfahrende Soziologie (…) beiden Perspektiven gerecht werden." (ibid.) Eine weitere Erläuterung findet sich bei Habermas (1995, S. 136 f.).

[4] „Eine für Zwecke der Rekonstruktion der Rechtsstaatsentwicklung konkreter Gesellschaf-ten in Anspruch genommene normative Theorie könnte dann ihren Platz im Zusammen-hang einer kritischen Beschreibung des jeweils angetroffenen politischen Prozesses im gan-zen erhalten." (Habermas 1992, S. 89). „Gerade eine kritische Gesellschaftstheorie kann sich nicht auf eine aus der Beobachterperspektive vorgenommene Beschreibung des Verhältnisses von Norm und Wirklichkeit beschränken." (ibid., S. 109).

[5] Für die erste Position s. etwa McCarthy (1989), für die zweite aus nicht-systemtheoretischer Perspektive Steinhoff (1996).

schen den Polen einer Selbst- und einer Fremdbeschreibung anzusiedeln, deshalb nicht überzeugend, weil sie mehr verspricht als sie halten kann. Es handelt sich hier nämlich nicht um einen Kompromiss, sondern im Kern um eine Selbstbeschreibung. Dies soll im Folgenden erläutert werden, indem die Theorie einmal als Selbstbeschreibung und einmal als Fremdbeschreibung gewürdigt wird.

4.1.2 Die Diskurstheorie als Selbstbeschreibung

Habermas' Diskurstheorie des Rechts und der Politik ist zweifelsohne eher eine Selbst- denn eine Fremdbeschreibung demokratischer Gemeinschaften. Sie ergreift engagiert Partei für die Ideale der (modernen) demokratischen Gemeinschaften: Freiheit, Gleichheit und Autonomie, und sie übernimmt diese Semantik weitgehend so, wie sie bislang in diversen Selbstbeschreibungen demokratischer Gemeinwesen tradiert wurde – z. B. in der Form von Verfassungen, Verfassungskommentaren, Rechtsphilosophie und normativer Demokratietheorie. Habermas knüpft bewusst an das Erbe der französischen und der amerikanischen Revolution an und will es für die komplexe und ausdifferenzierte aktuelle Gesellschaft bewahren, indem er es in eine neue theoretische Form gießt. Dabei handelt es sich aber, wie ich nun zeigen will, zum größten Teil um alten Wein in neuen Schläuchen.

Rekonstruktive Soziologie bedeutet für Habermas forschungspraktisch, die theoretischen Traditionsbestände kritisch durchzusehen und sich auf der Grundlage der Stärken und Schwächen der Vorläufer an einer neuen Theorie zu versuchen. Dabei schwebt ihm jedoch nicht eine desinteressierte Beschreibung dieser Semantik als eine zu einem bestimmten Gesellschaftstyp gehörende Selbstbeschreibung vor (wie wir dies von Luhmann kennen), sondern im Gegenteil eine neue argumentative Rechtfertigung der Ideale der Vernunft, der Autonomie, der Freiheit und der Gleichheit. Habermas ist sich der Risiken einer solchen „engagierten" Ausgangsbasis für Theoriebildung, die eine normative Ausrichtung präjudiziert, natürlich bewusst.[6] Er geht aber entschlossen diesen Weg, weil dies seinem Bild vom engagierten Sozialwissenschaftler entspricht, der einen Beitrag zu einer besseren Gesellschaft leistet. Die Frage, die sich dann aber stellt, ist die: *Welchen Gewinn verspricht die von Habermas entwickelte neue Theorie gegenüber den klassischen Selbstbeschreibungen?* Ich behaupte, dass Habermas' Diskurstheorie des Rechts und des demokratischen Rechtsstaats, mit der er die Ideale der Vernunft und einer legitimen Gesetzgebung überzeugender als bislang geschehen rechtfertigen will, gegenüber den bereits existierenden Selbstbeschreibungen demokratischer Gemeinschaften tatsächlich nur

---

[6] S. z. B. Habermas 1992, S. 22 f. und S. 24 f.

wenig neue oder bessere Erkenntnisse bringt. Ich will dies an einigen zentralen Punkten kurz verdeutlichen. Habermas unterscheidet z. B. nicht mehr zwischen Recht und Macht, wie es noch die klassischen Vernunftrechtler taten, sondern setzt an diese Stelle das Begriffspaar von kommunikativer und administrativer Macht. Was er damit gewinnt, ist allerdings unklar. Denn letzten Endes reformuliert er doch nur die klassische Forderung, die auch schon die alten Vernunftrechtler stellten: Dass sich die Macht am Recht legitimieren müsse. Es ändert sich nur die Terminologie: Jetzt ist es die administrative Macht, die sich aus den Quellen kommunikativer Macht speisen muss. Im Zentrum steht beides Mal die Asymmetrisierung, die einen Kurzschluss von Recht und Macht verhindern soll. Staatliche Macht darf sich nicht selbst legitimieren, sie darf sich nicht aus sich selbst heraus regenerieren, sondern sie muss eben dafür den Umweg über das Recht (im Vernunftrecht) oder über kommunikative Macht (bei Habermas) nehmen. Auf ganz ähnliche Weise werden weitere klassische Topoi der Habermas bekannten Rechts- und Demokratietheorien auf ein angeblich „höheres" Niveau transformiert: die alte Einsicht, dass das Recht immer eine Kombination aus Zwang und Freiheit darstelle, wird zur „Gleichursprünglichkeit von privater und öffentlicher Autonomie" (Habermas 1992, S. 135); die Trennung von Staat und Gesellschaft findet sich wieder in der Forderung nach einer Rationalisierung des politischen Systems durch Öffentlichkeit und Zivilgesellschaft und in der Formel einer „zweigleisig verlaufenden deliberativen Politik" (Habermas 1992, S. 382). Für Habermas mag nun in all diesen Fällen insofern mehr als ein Etikettenwechsel vorliegen, als er damit alte demokratietheoretische Überlegungen mit seiner Theorie des kommunikativen Handelns reformulieren und sie damit in einen umfassenderen theoretischen Rahmen integrieren kann. Dies bleibt dann aber ein persönlicher Ehrgeiz, der aus der Perspektive der bereits existierenden Rechts- und Demokratietheorien keinen nennenswerten Erkenntnisgewinn verspricht.

Habermas' Diskurstheorie des demokratischen Rechtsstaats hat damit gegenüber den bereits existierenden Selbstbeschreibungen demokratischer Gemeinwesen in ihren wesentlichen Zügen soweit ich sehe keinen deutlich erkennbaren Mehrwert. Und sie taugt obendrein auch nur bedingt als eine Art „Zivilreligion", denn sie ist zu kompliziert, als dass sie in breitem Umfang Eingang finden könnte in die privaten Überzeugungen von Richtern, Staatsbürgern und Politikern – vor allem im Vergleich mit den deutlich einfacher gestrickten klassischen Selbstbeschreibungen, mit denen sie ja konkurriert.

4.1.3 Die Diskurstheorie als Fremdbeschreibung

Der Mehrwert der Diskurstheorie des Rechts und der Politik als Selbstbeschreibung mag umstritten bleiben, als soziologische Fremdbeschreibung der Politik und des Rechts aber überzeugt sie definitiv nicht. Sie handelt sich diesen Kritikpunkt verdientermaßen ein, denn Habermas möchte seine Diskurstheorie ja nicht nur als naive Selbstbeschreibung verstanden wissen.[7] Sein Hauptproblem in diesem Zusammenhang lässt sich sehr kurz formulieren: Wenn Habermas im Namen der Vernunft (Demokratie) kritisieren möchte, kann er gerade dann nicht mehr die Vernunft (Demokratie) selbst nüchtern analysieren – dazu fehlt ihm der nötige Abstand des desinteressierten Analytikers. Ich will dies an wenigen Beispielen aufzeigen.

Ich könnte auf fast jeden Punkt meiner Rekonstruktion von Habermas' Diskurstheorie der Politik zurückkommen, um zu zeigen, wie wenig sie soziologisch überzeugt und wie leicht sich zeigen lässt, dass sie an der gesellschaftlichen Realität vorbeigreift. Nehmen wir z. B. den Stellenwert, den Habermas dem Recht als vorrangigem Integrationsmedium moderner Gesellschaften in seiner Theorie einräumt. Natürlich ist Recht ein wichtiges Integrationsmedium in modernen Gesellschaften, indem es normative Erwartungen kontrafaktisch stabilisiert. Aber es ist deshalb weder das einzige, noch das erstrangige Integrationsmedium der modernen Gesellschaft. Nicht nur das Recht stellt Erwartungsstrukturen mit Orientierungsfunktion für Individuen bereit – dies leisten auch die Politik, die Wirtschaft, die Wissenschaft oder die Kunst. Habermas' Hoffnungen in Bezug auf das Recht sind überzogen, er überschätzt dessen Integrationspotential für die Gesamtgesellschaft und überfordert es, indem er ihm eine herausgehobene Funktion zuweist. Das zeigt sich auch bei Habermas' Betonung einer rechtlichen Institutionalisierung der Systeme „Verwaltung" und „Wirtschaft" mit ihren entsprechenden Steuerungsmedien Macht und Geld. Eine solche Perspektive ist nicht falsch, aber einseitig. Denn was kann eine rechtliche Institutionalisierung bei diesen Systemen tatsächlich ausrichten? Sie wird wohl kaum deren jeweilige Eigenlogiken und -rationalitäten hintergehen können, selbst wenn sie ihnen rechtliche Rahmenbedingungen vorgibt. Und so wie das Recht von sich aus betrachtet die Wirtschaft und die Verwaltung steuern mag, so steuern die Wirtschaft und die Verwaltung jeweils von sich aus betrachtet auch das Recht: indem sie mit dessen Vorschriften nach ihren eigenen Kriterien umgehen; indem sie aktiv Einfluss nehmen auf Rechtsprechung und Rechtsetzung; indem sie existierende unbequeme Vorgaben gegebenenfalls umgehen.[8]

---

[7] Belege dafür habe ich oben (Fußnote 3) schon geliefert. Habermas' Anspruch, nicht nur eine normative Selbstbeschreibung zu liefern, kommt auch in seiner Kritik an Rawls zum Ausdruck, dem er nämlich genau dies vorwirft (s. Habermas 1992, S. 78 ff., insb. S. 88).

[8] Auch ist das Recht natürlich auf öffentliche Verwaltung und auf Geld angewiesen. Warum kommt Habermas also nicht auf die Idee, dass das Recht durch Wirtschaft und Verwaltung bzw. durch Geld und Macht institutionalisiert werde? Auch für solche Positionen finden sich durchaus namhafte Vertreter: Marx hätte gesagt, dass die *Wirtschaft* bzw. die Produktions-

Noch problematischer als Habermas' Rechtskonzeption ist seine Analyse des Prozesses der Rechtsetzung bzw. Gesetzgebung im demokratischen Rechtsstaat. Sein Diskursprinzip (alle müssen zustimmen) mitsamt den idealen Bedingungen bei entsprechenden Beratungsprozessen (Freiheit von externen und internen Zwängen etc.) gleitet an der juristischen und politischen Praxis ab, ohne Eindruck zu machen. Wenn die in *Faktizität und Geltung* in vollem Ernst vorgebrachte diskursive Legitimation durch Verfahren tatsächlich ernst genommen würde, dann gäbe es wohl kein einziges legitimes Gesetz.

Nehmen wir als letztes Beispiel Habermas' Aussagen zur Rolle von Öffentlichkeit und Zivilgesellschaft in demokratischen Gemeinschaften: wie oben bereits kurz angedeutet, stellt sich hier das Problem einer sehr anspruchsvollen Konzeption von Öffentlichkeit und Zivilgesellschaft – die als unabhängiger Wächter über das politische Geschehen betrachtet werden, der im Namen der Bürger und der Vernunft das politische System rationalisieren soll – bei einem gleichzeitig sehr restriktiven Begriffsverständnis. Denn für Habermas zählen nur die authentischen Fürsprecher des spontanen Bürgerwillens. Unternehmen, große Verbände, Parteien und professionelle PR-Agenturen hingegen, die die Öffentlichkeit nur manipulieren, sie okkupieren und für ihre partikularistischen Interessen missbrauchen, werden ausgegrenzt. So lastet viel Verantwortung auf schwachen Schultern – freilich wieder nur in der Theorie – und es überrascht wenig, wenn die real zu beobachtenden Prozesse öffentlicher Meinungsbildung von diesem Modell erheblich abweichen.

Bei all diesen Punkten ist es dasselbe Grundproblem, welches die Theorie als soziologische Fremdbeschreibung disqualifiziert: Die Vorlage läuft auf eine Überforderung der Realität hinaus, *der praktische Ausnahmefall wird theoretisch zur Regel stilisiert*. Und Habermas verschenkt insofern Analysepotential, als er im Zweifelsfall auf normative Aussagen als letzte Rückzugspositionen in seiner Theorie zurückfällt – *anstatt* sich zu fragen, was denn die offenkundigen alltäglichen Abweichungen von seinem Idealmodell erklären könnte und ob seine Theorie nicht von Anfang an zu realitätsfern konstruiert wurde. Es ist bezeichnend, dass Habermas immer dann, wenn es um die Frage nach einer soziologischen Übersetzung seines idealen Modells deliberativer Politik geht, sich auf die Aussage zurückzieht, es liege im Rahmen des Möglichen. Habermas setzt also einerseits die normativen Vorgaben in seiner Theorie enorm hoch an, will diese aber andererseits dann auch wieder nicht nur als eine praxisferne Utopie verstanden wissen. Diese Quadratur

---

verhältnisse sowohl das Recht als auch die Politik institutionalisieren; Foucault sah hingegen die *Macht* als ursprünglich und prägend für das Recht und die Wirtschaft an. Für einen Systemtheoretiker indes taugen alle derart zugespitzten Beobachterperspektiven – unabhängig davon, ob sie den Schwerpunkt auf das Recht, die Macht oder die Wirtschaft legen – nicht für ein Verständnis der modernen polykontexturalen Gesellschaft.

des Kreises stellt unerreichbare Anforderungen an die eigene Theorie. Sie soll er-klären (oder zumindest: beschreiben), verstehen, rechtfertigen und kritisieren. Was unter dem Aspekt der Fremdbeschreibung dabei herauskommt, ist aber lediglich eine unversöhnliche Kluft zwischen Theorie und Praxis. Um beide zu versöhnen, kann Habermas dann nur noch entweder die Realität als defizitär bzw. als eine Art Pathologie betrachten, oder er muss sie auf Biegen und Brechen im Lichte seiner Theorie umdeuten. Ein Beispiel für letztere Strategie ist Habermas' Interpretation der Mehrheitsregel in Demokratien nicht etwa als Alternative zum Vernunftprin-zip, sondern als dessen Verwirklichung (s. Habermas 1992, S. 371) – was dann wohl nur heißen kann, dass auf die Vernunft auch kein Verlass mehr ist.

4.1.4 Erfolgreiche Schwächen

Es bleibt die Frage, warum Habermas' Diskurstheorie des Rechts und des demo-kratischen Rechtsstaats trotz ihrer Schwächen eine derartige Resonanz erzeugt hat. Die Antwort darauf dürfte lauten, dass gerade diese Schwächen den Grund für ihren Erfolg darstellen. Die sympathische Nähe von Habermas' Theorie zu klas-sischen Reflexionstheorien des Rechts (z. B. Vernunftrecht) und der Politik (z. B. normative Demokratietheorie) – welche den Sinn des Rechts und der Demokratie nicht in Frage stellen, sondern nur rechtfertigen können – erscheint nämlich nur dann als Schwäche, wenn eine desinteressierte Distanz zum analysierten Gegen-stand als unabdingbare Bedingung wissenschaftlicher Erkenntnis angesehen wird. Dies entspricht zwar dem heute vorherrschenden Wissenschaftsverständnis in der Soziologie, nicht aber dem Selbstverständnis der Reflexionstheorien, die ja eben-falls einen Anspruch auf Wissenschaftlichkeit erheben. In diesem Kontext sieht nun Kieserling (2000) den Reiz von Habermas' Theorie gerade darin, dass diese die Ideale der Reflexionstheorien (Gerechtigkeit, Legitimität) *nicht* zurückweist und dekonstruiert, sondern ernst nimmt und versucht, durch theoretische Über-legungen zu deren Rechtfertigung und besserer Begründung beizutragen. Haber-mas versuche gewissermaßen eine Theorie der *engagierten Distanz*[9] zu realisieren, die die Selbstbeschreibungen der gesellschaftlichen Teilsysteme Recht und Politik nicht naiv, sondern überlegt und kritisch verteidige. Dafür bediene er sich eben nicht nur der herkömmlichen argumentationslogischen Figuren der bereits vorlie-genden Reflexionstheorien, sondern greife gerade auch auf soziologisches Wissen

---

[9] Dieser Begriff stammt nicht von Kieserling, sondern von mir. Ich wähle ihn als eine weitere Umschreibung für den bereits erwähnten Kompromiss zwischen Selbst- und Fremdbeschrei-bung.

zurück. Das Verdienst einer solchen Strategie läge aus soziologischer Perspektive darin, die mittlerweile durchgesetzte Perspektive der desinteressierten (positivistischen, werturteilsfreien) Soziologie wieder in eine Option zu verwandeln und alternativ zu dieser eine andere Option vorzuschlagen, die nicht von vornherein auf das Ziel einer bewussten Gestaltung der Gesellschaft verzichten mag.[10] Habermas will die gesellschaftliche Praxis nicht sich selbst überlassen und in stiller Kontemplation verharren, sondern auch mit seiner soziologischen Theorie das Projekt einer guten Gesellschaft verwirklichen. Und für den Preis einer an manchen Stellen naiv erscheinenden Normativität seiner Theorie erkauft er sich so immerhin einen garantierten Anschluss an die Reflexionstheorien. Dies scheint im Blick auf eine marginalisierte Soziologie, die sich in der Gesellschaft nicht immer im gewünschten Maß Gehör zu verschaffen vermag, ein entscheidender Vorteil zu sein. Vielleicht drückt sich also in der breiten und häufig positiven Resonanz auf Habermas' Überlegungen auch das geheime Bedauern über das *szientistische* (mit den Worten von Habermas) Wissenschaftsverständnis der Soziologie aus. Offenbar möchte man sich nicht ganz von der Hoffnung verabschieden, mit den eigenen wissenschaftlichen Analysen einen Beitrag zu einer besseren Gesellschaft leisten zu können.

4.2 Luhmanns Theorie als Fremdbeschreibung: Leistung und Grenzen

Die Frage: „Theorie der Gesellschaft oder Sozialtechnologie – Was leistet die Systemforschung?", von Habermas[11] im Titel derjenigen Publikation formuliert, die 1971 die Habermas-Luhmann-Kontroverse begründete, konnte damals noch gar nicht beantwortet werden. Dies liegt heute auf der Hand, wenn man sich im Rückblick veranschaulicht, welche wichtigen Publikationen auf diesen frühen Anfang noch folgen sollten. So erschien etwa das Hauptwerk zur politischen Theorie Niklas Luhmanns, *Die Politik der Gesellschaft*, auf welches ich mich in dieser Arbeit hauptsächlich stütze, erst aus dem Nachlass im Jahr 2000. Es war aber auch schon damals für all diejenigen erkennbar, die sich Luhmanns Beiträge in besagtem Band genau durchlasen, in denen er immer wieder auf deren Vorstudiencharakter im Rahmen

---

[10] Es geht wohlgemerkt um eine engagierte Soziologie als Wissenschaft – nicht nur um engagierte Soziologen, die es ja auch in einer positivistischen Soziologie immer geben kann und auch heute gibt.

[11] Luhmann wies einmal darauf hin, dass die Wahl des Titels auf Habermas zurückginge. Kittler (1999, S. 184) spöttelte in diesem Zusammenhang: „,Seit wann', wollten Siegfried Unseld und/oder Jürgen Habermas damit fragen, ,seit wann haben Sie aufgehört, Ihre Frau zu schlagen?'".

eines erst am Beginn stehenden lebenslangen Projektes verwies. Heute ist die Situation eine andere. Luhmann hat sein Werk mittlerweile abgeschlossen, und damit kann auch die Frage gestellt werden, ob es hält, was es verspricht. Ich kann dieser Frage hier natürlich nur in einem spezifischeren Sinn nachgehen: Überzeugt die systemtheoretische Analyse der Politik der Gesellschaft? Noch viel stärker als im Fall von Habermas sind jedoch bei Luhmann die theoretischen Analysen der Politik eingebettet in dessen soziologisches Gesamtwerk. Daher werde ich bei der Beantwortung der Frage, ob Luhmanns soziologische Theorie der Politik überzeugt, zunächst diesen Kontext vergegenwärtigen und an den Anspruch von Luhmanns Gesamtwerk erinnern.

4.2.1 Luhmanns soziologische Theorie der Politik im Werkkontext

Die lakonische Formulierung, mit der Luhmann bei seiner Aufnahme in die Fakultät für Soziologie der Universität Bielefeld sein lebenslanges Forschungsprojekt umriss, ist mittlerweile berühmt geworden: „Theorie der Gesellschaft; Laufzeit: 30 Jahre; Kosten: keine." (Luhmann 1997, S. 11) Luhmanns Ziel war genau genommen ein doppeltes: eine moderne (= systemtheoretische) Theorie der modernen (= funktional differenzierten) Gesellschaft zu entwerfen. Luhmann wollte also zunächst eine adäquate Theorie der modernen Gesellschaft als funktional differenzierte Gesellschaft vorlegen, an der es ihm zufolge der Soziologie bislang fehlte. Gleichzeitig erforderte dies aus seiner Perspektive aber die Entwicklung eines völlig neuen begrifflichen und analytischen Instrumentariums, da allein mit einem derartigen Neuansatz ein solches Vorhaben überhaupt einzulösen sei. Luhmann ging also davon aus, dass die moderne Gesellschaft eine funktional differenzierte Gesellschaft sei, und was dies genau bedeute, ließe sich nur zeigen, wenn man von den in der Soziologie bislang üblichen theoretischen Konzepten Abstand nähme und sie einer kritischen Revision unterzöge. Das Gesamtvorhaben der modernen Theorie der modernen Gesellschaft war dabei nach Luhmann nie Selbstzweck i. S. einer abartigen Überschussphantasie des Theoretikers, sondern rechtfertigte sich nur dann, wenn es einen *zusätzlichen* Erkenntnisgewinn gegenüber dem bisherigen Wissen versprach. Auch sollte das alte Wissen bei diesem Unternehmen nicht verloren gehen, sondern aufgehoben und erklärt werden durch eine Rückbeziehung auf diejenigen sozialen Strukturen, die es zu einem bestimmten Zeitpunkt als besonders plausibel erscheinen ließen.[12]

---

[12] Dieses Ziel verfolgte Luhmann hauptsächlich mit seinen wissenssoziologischen Studien in der vier Bände umfassenden Publikationsreihe *Gesellschaftsstruktur und Semantik*.

Luhmanns Vorhaben einer modernen Theorie der modernen Gesellschaft gliedert sich dabei in drei große Teile. *Erstens* wurde eine allgemeine Theorie sozialer Systeme entworfen (es ging hier darum, die Systemtheorie auf die Soziologie anzuwenden und auf diese Weise eine allgemeine Theorie selbstreferentieller sozialer Systeme vorzulegen; hauptsächlich hier fand also die Entwicklung des neuen begrifflich-analytischen Instrumentariums statt, mit Hilfe dessen dann die Gesellschaftstheorie geschrieben werden sollte), die wichtigste Publikation in diesem Zusammenhang ist *Soziale Systeme* (Luhmann 1984). *Zweitens* wurde eine Theorie des umfassenden sozialen Systems der Gesellschaft entworfen, die entsprechende Publikation ist *Die Gesellschaft der Gesellschaft* (Luhmann 1997). *Drittens* wurden für die einzelnen Funktionssysteme der modernen Gesellschaft Spezialmonografien vorgelegt (in unserem Fall Luhmann 2000a). Für uns ist in diesem Zusammenhang besonders wichtig, dass es im Kontext des Gesamtprojekts in diesen Spezialmonografien immer um den Versuch ging, die entsprechenden Funktionssysteme als autopoietische Systeme zu beschreiben. Wenn dies überzeugend gelänge, so wäre damit die These der funktional differenzierten Gesellschaft bestätigt. Umgekehrt heißt dies dann aber auch: Wenn Luhmanns Beschreibungsangebot – sein Begriffsapparat angewendet auf die Strukturen der Funktionssysteme – nicht überzeugt, dann muss sein Vorhaben einer modernen Theorie der modernen Gesellschaft als gescheitert gelten.

4.2.2   Ziel und Methode

Um dies zu verdeutlichen, will ich noch einmal den methodologischen Standpunkt von Luhmanns Systemtheorie verdeutlichen. Luhmann lehnte zunächst einen rein analytischen Systembegriff ab, wie man ihn etwa bei Parsons findet. Er ging von real existierenden Systemen aus, und das Vorhaben einer systemtheoretischen Beschreibung dieser Systeme mache überhaupt nur dann Sinn, wenn es diese Systeme gebe.[13] Die Annahme aber, dass es um die Beschreibung real existierender Systeme gehe, bedeutete für Luhmann wiederum die Notwendigkeit, sich beim Vorhaben des Anfertigens einer Theorie dieser Systeme zu aller erst der Tatsache zu vergewissern, dass es sich um *sich selbst unterscheidende Systeme* handelt. Allein die Tatsache, dass ein System existiert, impliziert demnach, dass es sich selbst von der Umwelt unterscheiden können muss. Es ist also schon auf der basalen Ebene der Verknüpfung der zum System zugehörigen Operationen ein sich selbst unterscheidendes System. Und diejenigen sozialen Systeme, für die sich Luhmann besonders

---

[13] S. z. B. Luhmann (1984, S. 30; S. 599).

interessiert: die modernen Funktionssysteme, sind auch *sich selbst reflektierende* Systeme, denn sie *beschreiben* sich zusätzlich aufgrund ihrer höheren Komplexität immer auch bewusst als System im Unterschied zur Umwelt – d. h. die System/ Umwelt-Differenz wird nicht mehr nur faktisch reproduziert, sondern im System selbst auch als Problem thematisiert, z. B. in Form einer Suche nach der eigenen Identität und des Anfertigens von dafür geeigneten Beschreibungen. *Deshalb stellt sich für den Theoretiker, der eine Beschreibung selbstreferentieller sozialer Systeme anstrebt, zuerst die Frage, wie sich diese Systeme selbst von ihrer Umwelt unterscheiden bzw. wie sie sich selbst im Unterschied zur Umwelt beobachten und beschreiben:*

> Das Sicheinlassen auf die Tatsache der Selbstbeobachtung und Selbstbeschreibung des Objekts ist Voraussetzung einer wissenschaftlich angemessenen, realistischen, und ich möchte sogar sagen: empirisch adäquaten Beschreibung. (Luhmann 1993, S. 18).

Eine Theorie, die dies nicht berücksichtigt, kann die Wirklichkeit dieser Systeme nicht angemessen beschreiben und erklären – sie bleibt natürlich möglich, aber verweist letztendlich nur noch auf den Theoretiker, der so beobachtet, und nicht mehr auf das System, um das es ihm eigentlich geht.[14] Sie läuft auf eine Selbstbefriedigung des Beobachters hinaus. Dieser zentrale Ausgangspunkt für wissenschaftliche Erkenntnis bildet gewissermaßen das methodologische *Standbein* für Luhmanns Theorie. Ergänzt wird dieses Standbein aber dann noch durch ein *Spielbein*: die funktionale Analyse. Diese stellt für Luhmann eine Methode des Vergleichs von möglichst unterschiedlichen Strukturen unter dem Gesichtspunkt ihrer Funktion dar. Die Analyse beginnt dabei mit einer Bestandsaufnahme von beobachtbaren sozialen Strukturen, um dann zu fragen, welche Funktion diese Strukturen erfüllen. Diese Verknüpfung ermöglicht wiederum das eigentliche Ziel der funktionalen Analyse: die Suche nach alternativen Strukturen, die dieselbe Funktion erfüllen könnten. Luhmann nennt sie funktionale Äquivalente.

Ermöglicht werden soll durch diese Technik des unüblichen Vergleichs das Aufdecken von Latenzen und Kontingenzen, eine *soziologische Aufklärung* in Form einer Präsentation der aktuellen Verhältnisse vor dem Horizont anderer Möglichkeiten und in Form eines Hinweises auf den Voraussetzungsreichtum, die Artifizialität und die hochgradige Unwahrscheinlichkeit derjenigen sozialen Strukturen, die wir heute als selbstverständlich voraussetzen.

Je verschiedener die jeweiligen sozialen Strukturen sind, die noch unter demselben Gesichtspunkt miteinander verglichen werden können, desto mehr Erkenntnis

---

[14] Für Luhmann implizierte dies auch den Verzicht auf Was-Fragen (z. B. nach dem Wesen des Rechts oder der Politik) zugunsten von Wie-Fragen (Wie unterscheiden sich diese Systeme von ihrer Umwelt?).

ist zu erwarten.[15] Um dies am hier interessierenden Beispiel der Analyse der modernen Funktionssysteme zu verdeutlichen: Im Falle der Funktionssysteme geht es für Luhmann um die Frage, ob sich bei einer auf den ersten Blick sicherlich dominierenden Verschiedenheit nicht doch vergleichbare strukturelle Arrangements (binäre Codes, Programme, Gedächtnis, strukturelle Kopplungen) finden lassen, deren Existenz dann wiederum nicht als purer Zufall oder als ein Artefakt des analytischen Vergleichsschemas des Beobachters angesehen werden kann – sondern in diesem Fall die These einer funktional differenzierten Gesellschaft bestätigen würde.

Mit dieser Kombination aus der *Theorie selbstreferentieller Systeme* einerseits und der Wahl der *funktionalen Methode* andererseits versucht Luhmann seinerseits eine Art Kompromiss zwischen einer Selbst- und Fremdbeschreibung des Objektbereichs zu erreichen. Seine Systemtheorie sieht sich als eine Fremdbeschreibung von sozialen Systemen, die aber in Rechnung stellt, dass diese sich selbst unterscheiden, beobachten, und in den meisten Fällen auch: beschreiben. Von diesem Kompromiss erhofft sich Luhmann (wie auch Habermas) einen Erkenntnisgewinn. Es handelt sich bei näherer Betrachtung der jeweiligen Vorgehensweisen aber um gänzlich unterschiedliche Strategien. Denn zunächst geht es Luhmann im Unterschied zu Habermas um *soziale Systeme* und deren Selbst- und Fremdbeschreibung, und nicht um kommunikativ handelnde Subjekte. Und zudem legt Luhmann bei seinem Kompromiss im Unterschied zu Habermas den Schwerpunkt ganz eindeutig nicht auf die Selbstbeschreibung, sondern auf die Fremdbeschreibung. Luhmann knüpft mit seinen theoretischen Anstrengungen nicht wie Habermas an die idealisierenden Selbstbeschreibungen sozialer Ordnungen an, um sie in purifizierter Form als kritischen Maßstab zur Bewertung der tatsächlichen gesellschaftlichen Strukturen zu verwenden und gegen etwaige Pathologien zu verteidigen. Er arbeitet vielmehr bewusst mit einem abstrakten, nur für analytischen Gebrauch vorgesehenen Begriffsschema, welches in den damit analysierten Systemen selbst so nicht verwendet wird. Weder das Rechts- noch das Politiksystem der Gesellschaft beschreiben sich selbst mit den Begriffen „Code", „Programm", „Kontingenzformel" etc. Stattdessen operieren sie mit einer Semantik („Demokra-

---

[15] Vgl. dazu etwa folgendes Zitat: „Nach einer alten, einsichtigen Regel treten Wahrheiten in Zusammenhängen auf, Irrtümer dagegen isoliert. Wenn es der funktionalen Analyse gelingt, trotz großer Heterogenität und Verschiedenartigkeit der Erscheinungen Zusammenhänge aufzuzeigen, kann dies als Indikator für Wahrheit gelten, auch wenn die Zusammenhänge nur für den Beobachter einsichtig sind. Jedenfalls wird es bei dieser Technik des Einsichtgewinns schwerer und schwerer, die Überzeugung festzuhalten, die Ergebnisse könnten auf eine fehlerhafte Methode, auf Irrtum, auf reine Imagination zurückzuführen sein." (Luhmann 1984, S. 90 f.).

tie", „Gerechtigkeit", „Legitimität", „Grundrechte", „Rechtsstaat"), die die eigenen strukturellen Arrangements überhöht und idealisiert, und die die Systemtheorie gerade darum nicht unkontrolliert übernehmen will. Luhmann erwartet deshalb auch keinen direkten Austausch zwischen seiner Terminologie und der Semantik, wie sie in den von ihr beschriebenen Systemen selbst gepflegt wird; er hofft nicht wirklich auf eine wechselseitig profitable Beziehung. Sein Anspruch ist es vielmehr, einerseits nachzuweisen, dass sein Begriffsapparat (auch als Fremdbeschreibung) kein bloßes Gedankenspiel darstellt, sondern dass es empirische Entsprechungen für Codes, Programme etc. in den entsprechenden Systemen gibt, auch wenn sie in deren Selbstbeschreibungen anders bezeichnet werden oder evtl. gar nicht vorkommen.[16] Luhmanns Vokabular zielt in dem Sinn auf die *Fremdbeschreibung* einer Struktur der Systeme, wie sie tatsächlich existiert. Und andererseits will er darüber hinausgehend die Semantik, mit der sich wiederum diese Systeme schmücken, in einer Analyse ihres Zusammenhangs mit der Struktur dieser Systeme als eine *Selbstbeschreibung* soziologisch entlarven und dekonstruieren. *Während Habermas mit seiner Theorie dem demokratischen Rechtsstaat also eine Hilfestellung zum besseren Selbstverständnis i.S. einer normativen Rechtfertigung liefern will und deshalb an die Selbstbeschreibung des Systems bewusst anknüpft, geht es Luhmann hauptsächlich um eine distanzierte Analyse der Struktur des Systems und dessen Selbstbeschreibung, welcher er gerade deshalb nicht auf den Leim gehen will.* Irritationen des beschriebenen Systems will er damit zwar nicht ausschließen, aber sie stehen weder im Zentrum seiner Theorie (im Unterschied zu Habermas), noch liefern sie so etwas wie definitive Richtungsvorgaben oder gar praktische Handlungsanweisungen (wie sie z. B. in Habermas' Diskursprinzip und den Verfahrensregeln für Deliberationsprozesse zum Ausdruck kommen, welche wir unter Punkt 2.2.2 vorgestellt haben).[17]

---

[16] „Damit ist keineswegs gesagt, daß die semantische Form, in der sie [die Ergebnisse der funktionalen Analyse, T.K.] präsentiert werden, der Realität ,entspricht'; wohl aber, daß sie Realität ,greift', das heißt, sich als Ordnungsform im Verhältnis zu einer ebenfalls geordneten Realität bewährt." (Luhmann 1984, S. 91).

[17] Kieserling formuliert das so: „Luhmann kann aus seiner absichtsvoll inkongruent gewählten Perspektive allenfalls irritierende *Fragen* stellen: Fragen an die Pädagogik, an das Selbstverständnis des modernen Wohlfahrtsstaates, an die Rechtstheorie oder auch an die Ethik als Reflexionstheorie der Moral. Die Gesellschaftstheorie von Habermas kennt zugleich auch die Antworten darauf." (2000, S. 30).

4.2.3 Systemtheorie der Politik als Fremdbeschreibung

Ich will eine allgemeine Diskussion dieser unterschiedlichen Strategien mit ihren jeweiligen Vor- und Nachteilen vorerst noch zurückstellen und zunächst wie angekündigt Luhmanns Theorie einer individuellen Bewertung unterziehen. Auf der Grundlage dessen, was in den ersten beiden Kapiteln des Buches ausgeführt wurde, stellt sich Luhmanns Analyse der Politik für mich überzeugender dar als die von Habermas – und dies unabhängig von der Frage, welche Art von Kompromiss zwischen einer Selbst- und Fremdbeschreibung (mit dem Schwerpunkt eher auf der Seite der Fremd- oder der Selbstbeschreibung) man generell bevorzugen mag. Luhmann vermeidet bei seinen Analysen das Problem, in welchem sich Habermas' Theorie unvermeidlich verfängt: Die offensichtlich unüberbrückbare Kluft zwischen Anspruch und Wirklichkeit, Theorie und Praxis, Idee und Umsetzung *bei einer Theorie, die dennoch beiden Seiten gerecht werden will*. In gewisser Weise ist Luhmann einfach bescheidener, was die Ansprüche an die eigene Theorie angeht – indem er sich mit dem Status einer Fremdbeschreibung begnügt. Habermas hingegen versucht einen schwierigen Spagat zwischen Fremd- und Selbstbeschreibung, wobei er im Zweifelsfalle, wie wir gesehen haben, den analytischen Überlegungen durch ein kontrafaktisches Beharren auf dem normativ Wünschenswerten ein Ende bereitet. Angefangen vom Postulat der Integration der Gesellschaft durch kommunikatives Handeln, durch Konsens und Verständigungsprozesse, über den Wirtschaft und Administration in ihre Schranken verweisenden demokratischen Rechtsstaat bis hin zum utopischen Diskursprinzip mitsamt den idealen Verfahrensbedingungen von Deliberationsprozessen und der Überschätzung von Öffentlichkeit und Zivilgesellschaft – immer wieder zeigt sich bei Habermas' Theorie dasselbe Muster: die offensichtliche gesellschaftliche Ausnahme wird in der Theorie erst zur Regel gemacht und allen Abweichungen wird dann aus Gründen einer theoriestrategischen Option (der Absicht, mit der Theorie einen Beitrag zur Verbesserung der Gesellschaft zu leisten) nur noch mit einer trotzigen Kritik dieser gesellschaftlichen Verhältnisse begegnet. Damit sind diese Widerstände aber – wie oben schon gesagt wurde – *eben gerade nicht erklärt*, Habermas verschenkt hier eindeutig Analysepotential.

Luhmann entgeht hingegen einem solchen Dilemma, indem er von Anfang an konsequent auf eine Fremdbeschreibung abzielt und diesen Primat einer nur für das Wissenschaftssystem angefertigten realistischen Analyse der Politik bis zuletzt durchhält. Seine Beschreibung des Systems der Politik wirkt deshalb aus wissenschaftlicher Perspektive auch konsistenter als die von Habermas. Dabei handelt es sich um einen für Luhmanns Theorie typischen Fall von unplausibler Evidenz – Luhmanns Analysen wirken auf den ersten Blick befremdlich, gewinnen aber bei näherer Beschäftigung mit ihnen mehr und mehr Plausibilität.

Die Beschreibung der Politik als ein Funktionssystem der Gesellschaft mit dem Verzicht auf eine gesellschaftlich zentrale Stellung dieses Systems ist dafür ein gutes Beispiel. Sie kontrastiert sowohl mit der Selbstbeschreibung des politischen Systems als auch mit der sonst in unserer Kultur üblichen und durch traditionelle Denkgewohnheiten abgesicherten Annahme einer herausgehobenen Stellung der Politik in der Gesellschaft. Tatsächlich beobachten wir aber alltäglich die Relativierung dieses Anspruches. Ob die Politik die Wirtschaft steuert oder nicht doch eher die Wirtschaft die Politik, lässt sich in Zeiten der Globalisierung nicht mehr ohne weiteres sagen. Es kommt darauf an, von welchem System aus beobachtet wird. Dass es im Verhältnis aller Funktionssysteme der modernen Gesellschaft zueinander keine hierarchischen Beziehungen mehr gibt und an ihre Stelle reine Koexistenz tritt, wird heute allgemein immer deutlicher sichtbar. Ähnlich verhält es sich mit Luhmanns bescheidener Interpretation von Demokratie nicht als die beste, vernünftigste Regierungsform, sondern lediglich als Endpunkt funktionaler Ausdifferenzierung des politischen Systems bzw. als eine Form von Systemrationalität, die ein hohes Maß an Offenheit bei gleichzeitiger Geschlossenheit garantiert. Damit bewahrt Luhmann die Demokratie vor zu hohen Ansprüchen auf vernünftiges und *gesamtgesellschaftlich* rationales politisches Entscheiden, welchen sie dann in der Praxis doch nicht genügen kann. Was aber können wir heute denn tatsächlich in modernen Demokratien anderes beobachten als die laufende Korrektur von vergangenen Entscheidungen durch aktuelle Entscheidungen bei gleichzeitiger Ungewissheit darüber, was wiederum mit diesen aktuellen Entscheidungen in der Zukunft geschehen wird – und all dies wohlgemerkt *ohne dass alle damit einverstanden sein müssten*? Auch Luhmanns Konzeption von Öffentlichkeit und Legitimität nimmt sich zunächst desillusionierend aus. Öffentlichkeit ist jetzt keine unabhängige Instanz der Rationalisierung von Politik mehr, sondern nur noch ein Medium zum Prozessieren von politischen Schemata der Beobachtung; sie erzeugt keine Wahrheiten mehr, sondern nur Eigenwerte der (politischen) Kommunikation. Freilich ist dies auf den ersten Blick enttäuschend, und man mag sich fragen: wozu dann Öffentlichkeit? Tatsächlich kann aber auf diese Weise viel besser erklärt werden, mit welcher Schnelligkeit gerade in der Öffentlichkeit immer wieder Neudefinitionen der politischen Opportunität erfolgen. Und die Öffentlichkeit behält ja auch bei Luhmann eine kritische Funktion, nur eben: ohne Vernunft- oder Wahrheitsgarantie. Liegt es aber bei der mittlerweile für jeden aufmerksamen Beobachter des politischen Geschehens deutlich sichtbaren Launigkeit der öffentlichen Meinung nicht nahe, den Anspruch auf übergreifende Vernunft und Rationalität auch in diesem Bereich aufzugeben? Zuletzt: Luhmanns Deutung der „Legitimation durch Verfahren" als Akzeptanzbeschaffung kommunizierter Entscheidungen durch deren Immunisierung gegen die Ablehnung seitens einzelner Individuen mag für Habermas auf „die defaitistische Preisgabe jener radikalen Gehalte des demokratischen Rechtsstaates" (Habermas 1992, S. 13) hinauslaufen, für die dieser eintritt – für mich handelt es sich hier einfach um eine realistische Beschreibung politischer Legitimationsstrategien. Wenn gesamtgesellschaftlich bindende Entscheidungen in der Politik nach Habermas' Diskursprinzip gefällt werden würden, dann gäbe es sie schlichtweg nicht – selbst wenn man sich nur auf die wichtigsten beschränken wollte.

4.2.4   Resonanzprobleme der Systemtheorie

Luhmann hat damit seinen Kompromiss zwischen einer Selbst- und Fremdbeschreibung (mit Betonung der Fremdbeschreibung) konsequenter und überzeugender umgesetzt als Habermas seinen genau entgegengesetzten Kompromiss (Betonung der Selbstbeschreibung). Freilich kann Luhmann dadurch natürlich nicht die generelle Grenze eines solchen Ansatzes ignorieren, und so ist auch seine Theorie als eine radikale Fremdbeschreibung des politischen Systems mit einem Nachteil behaftet: Luhmanns Theorie steht ihrer eigenen Resonanz im Weg.

Ungeachtet der Tatsache, dass Luhmanns Fremdbeschreibung die Politik bzw. das Recht als sich selbst beschreibende Systeme analysiert und folglich den in diesen Systemen kursierenden Reflexionstheorien und Begründungen Rechnung trägt, handelt es sich bei ihr um ein Vorhaben, welches seinen Sinn und Zweck allein in einem wissenschaftlichen Kontext verortet. Luhmann möchte mit seiner Theorie vor allem im Wissenschaftssystem auf Resonanz stoßen, und sollte sie darüber hinaus auch im politischen oder im Rechtssystem *unter dem Aspekt der Reflexion* diskutiert werden, so wäre dies eine nicht beabsichtigte Nebenfolge. Die Chancen auf eine über das Wissenschaftssystem hinausreichende Resonanz stehen bei ihr aber ohnehin schlecht. Die Systemtheorie dekonstruiert die von ihr analysierten Systeme mitsamt ihren idealisierenden Selbstbeschreibungen. Mit ihrem Hinweis auf die Kontingenz und die Latenzen sozialer Ordnungen kommt sie deren Bedürfnis nach Legitimation, Sinnstiftung und Rechtfertigung gerade nicht entgegen. Wenn der selektive und laufend Differenzen reproduzierende Charakter sozialer Ordnungen[18] erst einmal durchschaut ist, fällt eine emphatische Verteidigung der von ihnen zu Rechtfertigungszwecken im selben Atemzug mitgelieferten Idealisierungen schwer.[19] Andererseits fällt wiederum der Systemtheorie ein An-

---

[18] z. B.: Haben/Nichthaben, Macht/Ohnmacht, Recht/Unrecht, etc.

[19] Luhmann (1997, S. 186) formulierte in diesem Zusammenhang einmal: „Vernunft war ein Titel gewesen, mit dem die Ahnungslosigkeit in bezug auf Widersprüche zwischen Zwecken

schluss an die Reflexionstheorien der von ihr beschriebenen Systeme (z. B. an die normative Demokratietheorie oder an die Rechtsphilosophie) nicht leicht, weil diese aus ihrer Perspektive stets halbwissenschaftliche Theorien bleiben: Sie sind primär eingebettet in den Kontext des jeweiligen Funktionssystems, das von ih-nen betreut wird. Im Wissenschaftssystem selber können sie dann zwar durchaus auch diskutiert werden, aber hier herrscht ein strengeres Klima: die analytische Unzulänglichkeit wird jetzt umso deutlicher sichtbar, da die Rechtfertigungs- und Legitimationsfunktion dieser Theorien hier keine Rolle mehr spielt.[20] Sowohl von der Seite der Systemtheorie als auch von der Seite der von ihr analysierten Systeme (mitsamt ihren Reflexionstheorien) aus betrachtet sind die Chancen auf einen bar-rierefreien Austausch von Argumenten also gering. Allerdings bleibt er nicht prin-zipiell ausgeschlossen, vorausgesetzt, dass beide Seiten hinreichend Verständnis für die notwendigen Loyalitäten und Rücksichten des Gesprächspartners aufbringen. Und auch wird die Systemtheorie sich kaum über ihre schwache Resonanz auf der Seite der Reflexionstheorien bzw. über die eigene Beschränkung auf einen wissen-schaftlichen Kontext beklagen. Sie wird darin eher die Vorteile einer Arbeitsteilung erblicken: Für Emphase, Motivation und Idealismus sind die Reflexionstheorien zuständig (bzw. Habermas), für nüchterne Erkenntnis und Analyse hingegen die Systemtheorie.

---

und Mitteln ausgezeichnet wurde. In diesem Sinne galt die Vernunft als unschuldig." Und in genau diesem Sinne will Luhmanns Systemtheorie *nicht* unschuldig und naiv sein, wie es die Reflexionstheorien sind – und wohl auch sein müssen.

[20] „Bei allem ‚wissenschaftlichen' Anstrich, um den sich Evolutions- und Modernisierungs-theorien, nationale Geschichtsschreibung, Pädagogik, Rechtstheorie, Wissenschaftstheorie, Politiktheorie, Wirtschaftstheorie usw. bemühen: wenn solches Gedankengut als Reflexions-theorie in Anspruch genommen und zur Ermöglichung von Selbstbeobachtung der entspre-chenden Systeme benutzt wird, stellt sich die dafür typische Überspannung ein. Es entsteht mehr Gewißheit, als wissenschaftlich gerechtfertigt, und mehr Ungewißheit, als wissen-schaftlich nötig." (Luhmann 1984, S. 623). Mit dem letzten Halbsatz meint Luhmann folgen-des: viele Fragen, mit denen sich die Reflexionstheorien der Funktionssysteme sehr detailliert beschäftigen, spielen in einem wissenschaftlichen Kontext überhaupt keine Rolle.

Schluss

5

Das Ziel dieser Arbeit war es, die unterschiedlichen soziologischen Ansätze von Jürgen Habermas und Niklas Luhmann am Beispiel ihrer Anwendung auf den Bereich der Politik einander vergleichend gegenüberzustellen. Damit wurden zwei konkurrierende Beschreibungsangebote diskutiert, die stellvertretend sind für die jeweilige Gesellschaftstheorie *insgesamt* bei beiden Theoretikern. Ich will zum Abschluss dieser Gegenüberstellung zunächst noch einmal die Hauptaussagen beider Ansätze – die Ergebnisse meiner Arbeit – zusammenfassen und dann kurz erläutern, inwiefern diese Ansätze die Frage nach der Rolle der Soziologie in der modernen Gesellschaft aufwerfen.

Wie ist soziale Ordnung möglich? Für Habermas lautet die Antwort: durch kommunikatives Handeln, für Luhmann hingegen: durch soziale Systeme. Die grundlegende Sozialtheorie geht bei beiden Autoren nahtlos in eine entsprechende Theorie der Politik über: Gesellschaftliche Integration vollzieht sich für Habermas über die intersubjektive Anerkennung von Geltungsansprüchen und im Bereich des Rechts bzw. der Politik läuft dies auf einen Konsens über die wichtigsten normativen Grundlagen des Zusammenlebens hinaus. Die Aufgabe, diese normativen Grundlagen diskursiv zu erarbeiten und sie anschließend durchzusetzen, obliegt dann dem demokratischen Rechtsstaat, wobei er angewiesen bleibt auf die Hilfe durch eine aktive Bürgerschaft in Form von Öffentlichkeit und Zivilgesellschaft. Für Luhmann hingegen geht es bei Politik um die autopoietische Reproduktion eines sozialen Systems. In der Politik geht es daher für ihn nicht um einen Konsens über die wichtigsten normativen Grundlagen des gesellschaftlichen Zusammenlebens, sondern allein um den systemreproduzierenden Anschluss von politischen Kommunikationen an politische Kommunikationen; es geht nicht um vernünftige Diskurse, sondern um Offenheit bei Geschlossenheit, um Reduktion und Steigerung von Komplexität, um Varietät und Redundanz. Auch betrachtet Luhmann seine Analyse des politischen Systems als Bestätigung für die These einer funktionalen Differenzierung der modernen Gesellschaft: weder der Politik noch dem Recht

T. König, *In guter Gesellschaft?*, DOI 10.1007/978-3-531-19365-6_5
© VS Verlag für Sozialwissenschaften | Springer Fachmedien Wiesbaden 2012

kommt demzufolge eine gesellschaftlich zentrale Position zu. Schließlich haben Habermas' und Luhmanns unterschiedliche Ansätze Auswirkungen bis in feinste Fragestellungen der politischen Theorie hinein. Öffentlichkeit wird entweder als Instanz für die Rationalisierung der Politik im Namen einer gesamtgesellschaftlichen Vernunft oder als Mittel der Selbstbeobachtung des politischen Systems im Spiegel einer konstruierten Umwelt gesehen; Legitimation durch Verfahren heißt für Habermas, dass nur diejenigen Entscheidungen integrieren können, die diskursiv erarbeitet und an die Bedingung allseitiger Zustimmung geknüpft wurden, für Luhmann geht es bei entsprechenden Verfahren hingegen um die symbolische Bestätigung sozialer Ordnungen, die ohne allseitige Zustimmung auf Dauer gestellt werden müssen.

Im letzten Kapitel meiner Arbeit habe ich schließlich gezeigt, dass hinter dem Gegensatz beider Ansätze unterschiedliche Strategien einer soziologischen Theoriebildung stehen. Luhmann verfolgt das Ziel einer radikalen Fremdbeschreibung sozialer Ordnungen, die zwar nicht blind an ihrem Gegenstand vorbeigreift, diesen aber mit einer Begrifflichkeit zu erfassen sucht, die ihm selber fremd ist. Eine solche Strategie verfolgt primär ein analytisches Interesse. Habermas hingegen lehnt sich bei seiner soziologischen Theoriebildung bewusst an die Selbstbeschreibung derjenigen sozialen Ordnungen an, die den Gegenstand der Theorie bilden. Er will diese Selbstbeschreibungen mit seiner Theorie nicht dekonstruieren, sondern rekonstruieren. Deshalb nimmt er sie ernst, wobei sie für ihn nicht nur den Schlüssel für ein wissenschaftlich adäquates Verständnis sozialer Ordnungen darstellen, sondern auch die Brücke von der Theorie zur Praxis schlagen, indem sie einen Austausch zwischen soziologischem Wissen und den Reflexionsanstrengungen der Funktionssysteme ermöglichen. Habermas' Strategie zeugt insofern von einem primär praktischen, anleitenden Interesse, welches die Analyse sozialer Ordnungen nicht als Selbstzweck betrachtet, sondern als Mittel zum Zweck einer emanzipatorisch orientierten Wissenschaft.

Habermas ist mit seiner Strategie viel Erfolg beschieden worden, die Diskurstheorie des Rechts und des demokratischen Rechtsstaats stieß auf rege Resonanz in den Bereichen, die sie vor allem interessieren: Rechtstheorie und Demokratietheorie. Es ist aber auch kein Zufall, dass Habermas zugleich immer weniger in der Soziologie diskutiert wurde. Dies war der Preis, den er für seine Sympathie für die normativen und stark idealisierenden Selbstbeschreibungen der von ihm analysierten sozialen Ordnungen bezahlen musste. Die meisten Soziologen teilen wohl die Auffassung, dass Habermas die Analyse sozialer Sachverhalte zu stark in den Dienst eines normativen Theoriedesigns gestellt hat. Auch ich habe an mehreren Punkten aufgezeigt, dass der analytische Teil in seiner Theorie häufig zu kurz kommt – wobei die Analysen nicht falsch, aber einseitig sind. Dass der Theorie gerade dadurch bei den Reflexionstheorien des Rechts und der Politik Erfolg beschieden ist, ändert nichts an der Tatsache, dass für einen Soziologen ein deutlich erkennbarer Mehrwert nicht ersichtlich ist. Eher wird er stutzen und sich die Frage stellen, wozu der ganze Aufwand eigentlich betrieben wird, wenn doch von Anfang an klar ist, dass es vorrangig um die Rechtfertigung und Legitimation von *für uns vernünftigen* Ordnungen geht. Denn das geht in den klassischen Reflexionstheorien (und erst Recht im Alltag!) doch auch viel einfacher.

Im Falle Luhmanns Theorie verhält es sich genau umgekehrt. Sie findet ihren Ort und ihre Grenzen in einer desinteressierten Soziologie. Die Reflexionstheorien des Rechts und der Politik, die die entsprechenden modernen Funktionssysteme semantisch betreuen, indem sie deren jeweilige soziale Strukturen legitimieren und rechtfertigen, begegnen ihr deshalb mit Skepsis. Demokratie und Rechtsstaat sollen nicht die besten Ordnungen sein, sondern immer beides: Macht und Ohnmacht, Konsens und Dissens, Recht und Unrecht zugleich produzieren? Soziale Ordnung soll allgemein nie nur inklusiv, sondern immer auch exklusiv wirken? Eine praktische Antwort auf die Frage, welche Form sozialer Ordnung legitim sei, soll deshalb ersetzt werden durch eine nüchterne Analyse der sozialen Konstruktion von Legitimität? Was gewinnt man aber durch eine bloße Dekonstruktion sozialer Ordnungen, wenn die letzten Einsichten, die sie gewähren mag, den eng begrenzten Raum wissenschaftlicher Diskurse ohnehin nicht überschreiten können?

Neben den vielen Einsichten, die die soziologischen Arbeiten von Habermas und Luhmann jeweils einzeln der Disziplin bescherten, ist es wohl das Hauptverdienst der Kontroverse zwischen ihnen, die Frage nach dem Selbstverständnis der Soziologie als wissenschaftlicher Disziplin überhaupt wieder aufgeworfen zu haben und die in diesem Zusammenhang möglichen Optionen so klar wie möglich gegenüber zu stellen. Soll die Soziologie – theoretisch oder empirisch – in ihren Arbeiten sich der gesellschaftlichen Optimierung verpflichten oder soll sie sich eines solchen Engagements zugunsten einer desinteressierten Analyse enthalten? Die Frontstellung, die Habermas unter der Frage: „Theorie der Gesellschaft oder Sozialtechnologie?" 1971 inszenierte, stellt sich heute dabei ironischerweise mit vertauschten Seiten dar: Mit Blick auf seine praktische Soziologie könnte man Habermas durchaus als eine Art Sozialtechnologen bezeichnen (der natürlich für die gute, vernünftige Sache kämpft). Luhmann hingegen mag man vieles entgegenhalten, aber der Vorwurf eines konservativen Bestandserhaltungsinteresses ist hier definitiv fehl am Platz – das müsste nach mehr als 30 Jahren auch der letzte begriffen haben.

Beide Autoren haben sich damit in vollem Bewusstsein über die jeweilige Alternative für eine Option entschieden. Habermas kann damit leben, mit seiner Theorie soziale Ordnungen in ihrem Latenzbereich und in ihren Ausschlusseffekten

nicht antasten zu können[1] – solange sie nur nicht zu desinteressiertem Szientismus
verkommt (vgl. dazu Habermas 1996, S. 393 ff. – eine Erwiderung auf Luhmanns
Kritik an der Diskurstheorie). Luhmann selbst bezeichnete die entsprechenden Alternativen als „nette, hilfsbereite Theorien" vs. „solche, die durch das Wahrschein-
lichwerden des Unwahrscheinlichen fasziniert sind" (Luhmann 1984, S. 164) und
unterschied zwischen einer Soziologie der imperfekten Perfektion bzw. der gefähr-
deten gesellschaftlichen Gesundheit i. S. eines „social problems approach" (für die
sich Habermas entschied) und einer Soziologie der unwahrscheinlichen Normalität (für die er selber optierte; siehe hierzu ausführlicher Luhmann 1981, S. 11–24
und Luhmann 1984, S. 162 ff.). Luhmanns Option für eine „diabolische" Soziologie
macht es sich dabei vielleicht insofern etwas bequemer als Habermas' engagierte Soziologie, als sie sich selber enge Grenzen setzt und vor überzogenen Erwartungen an die Soziologie warnt. Analytisch aber ist sie m. E. eindeutig überlegen
und hat damit vielleicht auch der Gesellschaft letztendlich einen besseren Dienst
erwiesen. Denn auch praktische Verbesserungsvorschläge setzen ja zunächst einmal ein adäquates Verständnis gesellschaftlicher Strukturen voraus. Umgekehrt ist
es jedoch schwer, auf dem wackligen Boden einseitiger analytischer Grundlagen
sinnvolle Vorgaben auszugeben für eine vernünftigere Gesellschaft – Vorgaben, die
dann nicht ihrerseits wiederum genauso einseitig sind.

---

[1] Um dies noch einmal zu verdeutlichen: eine solche grundlegende Kritik sozialer Ordnungen ist gerade nicht mit der einfachen Denunziation gesellschaftlicher Pathologien geleistet,
wie wir sie von Habermas kennen. Aus systemtheoretischer Perspektive würde die kritische
Theorie von Habermas ihrem Namen vielmehr erst dann wirklich gerecht, wenn sie sich
vom Horizont des *für uns* Vernünftigen lösen würde und die Vorstellung aufgäbe, es könne
im Zeichen dieser Vernunft Inklusion ohne Exklusion, Macht ohne Ohnmacht, Recht ohne
Unrecht geben.

Literatur

Brunsson, Nils. 1989. *The organization of hypocrisy. Talk, decisions and actions in organizations.* Chichester: Wiley.

Cohen, Joshua. 1989. Deliberation and democratic legitimacy. In *The good polity,* Hrsg. Alan Hamlin und Philip Pettit, 17–34. Oxford: Blackwell.

Demirovic, Alex. 2003. Demokratie, Politik und Staat in der transformistischen Gesellschaft. Vergleichende Anmerkungen zu den Gesellschaftstheorien Niklas Luhmanns und Jürgen Habermas. In *Das System der Politik. Niklas Luhmanns politische Theorie,* Hrsg. Kai-Uwe Hellmann, Karsten Fischer und Harald Bluhm, 336–357. Opladen: Westdeutscher Verlag.

Easton, David. 1965. *A systems analysis of political life.* New York: Wiley.

Habermas, Jürgen. 1996. *Die Einbeziehung des Anderen. Studien zur politischen Theorie.* Frankfurt a. M: Suhrkamp.

Habermas, Jürgen. 1995. *Die Normalität einer Berliner Republik.* Frankfurt a. M.: Suhrkamp.

Habermas, Jürgen. 1992. *Faktizität und Geltung. Beiträge zur Diskurstheorie des Rechts und des demokratischen Rechtsstaats.* Frankfurt a. M.: Suhrkamp.

Habermas, Jürgen. 1981. *Theorie des kommunikativen Handelns, Band 1: Handlungsrationalität und gesellschaftliche Rationalisierung.* Frankfurt a. M.: Suhrkamp.

Habermas, Jürgen. 1962. *Strukturwandel der Öffentlichkeit.* Neuwied: Luchterhand.

Habermas, Jürgen, und Niklas Luhmann. 1971. *Theorie der Gesellschaft oder Sozialtechnologie – Was leistet die Systemforschung?* Frankfurt a. M.: Suhrkamp.

Kieserling, André. 2000. Zwischen Soziologie und Philosophie: Über Jürgen Habermas. In *Das Interesse der Vernunft. Rückblicke auf das Werk von Jürgen Habermas seit ‚Erkenntnis und Interesse',* Hrsg. Stefan Müller-Doohm, 23–41. Frankfurt a. M.: Suhrkamp.

Kittler, Friedrich. 1999. Ein Herr Namens Luhmann. In *„Gibt es eigentlich den Berliner Zoo noch?" Erinnerungen an Niklas Luhmann,* Hrsg. Theodor M. Bardmann und Dirk Baecker, 183–186. Konstanz: UVK.

König, Tim. 2009. *Handlung und System. Handlungs- und Willensfreiheit in systemtheoretischer Perspektive.* Marburg: Tectum-Verlag.

Luhmann, Niklas. 2000a. *Die Politik der Gesellschaft.* Frankfurt a. M.: Suhrkamp.

Luhmann, Niklas. 2000b. *Organisation und Entscheidung.* Opladen: Westdeutscher Verlag.

Luhmann, Niklas. 1997. *Die Gesellschaft der Gesellschaft.* Frankfurt a. M.: Suhrkamp.

Luhmann, Niklas. 1995a. *Soziologische Aufklärung 6. Die Soziologie und der Mensch.* Opladen: Westdeutscher Verlag.

Luhmann, Niklas. 1995b. *Gesellschaftsstruktur und Semantik. Studien zur Wissenssoziologie der modernen Gesellschaft.* Bd. 4. Frankfurt a. M.: Suhrkamp.

T. König, *In guter Gesellschaft?,* DOI 10.1007/978-3-531-19365-6
© VS Verlag für Sozialwissenschaften | Springer Fachmedien Wiesbaden 2012

Luhmann, Niklas. 1993. *Das Recht der Gesellschaft*. Frankfurt a. M.: Suhrkamp.

Luhmann, Niklas. 1984. *Soziale Systeme. Grundriß einer allgemeinen Theorie*. Frankfurt a. M.: Suhrkamp.

Luhmann, Niklas. 1983. *Legitimation durch Verfahren*. Frankfurt a. M.: Suhrkamp.

Luhmann, Niklas. 1981. *Soziologische Aufklärung 3. Soziales System, Gesellschaft, Organisation*. Opladen: Westdeutscher Verlag.

Marcinkowski, Frank. 2002. Politische Öffentlichkeit. Systemtheoretische Grundlagen und politikwissenschaftliche Konsequenzen. In *Theorie der Politik. Niklas Luhmanns politische Soziologie*, Hrsg. Kai-Uwe Hellmann und Rainer Schmalz-Bruns, 85–108. Frankfurt a. M.: Suhrkamp.

McCarthy, Thomas. 1989. Komplexität und Demokratie – Die Versuchungen der Systemtheorie. In *Kritik der Verständigungsverhältnisse*, Hrsg. ders., 580–604. Frankfurt a. M.: Suhrkamp.

Parsons, Talcott und Edward A. Shils. 1951. *Toward a General Theory of Action*. Cambridge/Mass.: Harvard University Press.

Steinhoff, Uwe. 1996. *Probleme der Legitimation des demokratischen Rechtsstaats*, in: Rechtstheorie 27:449–459.

Printed in the United States
By Bookmasters